꿈을 나누는
캠퍼스 금융토크
365

금융감독원 지음

매일경제신문사

3 6 5

**캠퍼스 금융토크
그 365일간의 일기**

발간사

열정과 꿈을 나누는 캠퍼스 금융토크 365

최수현 금융감독원장

대학생에 대한 금융교육의 일환으로 시작한 '꿈을 나누는 캠퍼스 금융토크'는 회를 거듭하며 대학생들의 니즈에 따라 산학멘토링, 다이나믹 토크, 금융체험교육 등을 추가하며 명실상부한 미래 금융인 양성 교육으로 자리매김하였습니다. 1년 3개월 동안 12회에 걸쳐 전국을 순회하며 개최된 금융토크가 매 회 높은 참여율을 기록하며 성공적으로 개최될 수 있었던 것은 권혁세 제8대 금융감독원장의 열정, 여러 금융회사의 협조, 그리고 학생들의 뜨거운 호응 덕분이라고 생각합니다.

권혁세 前 원장은 캠퍼스 금융토크를 위해 서울, 광주, 대구, 대전, 부산, 춘천 등 약 3,000Km를 이동하며 3,600여 명의 대학생들과 만나 소통하는 열정을 보여주었습니다. 또한 81명의 대학생과 멘토-멘티관계를 맺어 멘티 학생 한 명 한 명의 이름을 외우고 격려를 아끼지 않았습니다. 권혁세 前 원장의 이러한 열정에 학생들은 마음을 열고 다가왔으며, '훌륭한 금융인이 되겠다'는 꿈을 구체화하게 되었습니다.

여러 금융권 CEO들은 바쁜 일정을 제치고 후배들에게 많은 조언을 해주기 위해 흔쾌히 먼 길을 달려와 주었습니다. 또한 금융캠프 개최를 위해 최고의 시설을 제공해 주었습니다. 협조해 주신 것에 지면을 빌려 진심으로 감사를 드립니다.

학생들은 금융토크에 앞서 금융현안을 경제신문, 스터디 모임 등을 통해 미리 공부하고, 토크 당일 학생패널로 또는 질문자로 열심히 참여했습니다. 금융토크로 금융교육의 중요성을 인식하게 된 학생들 중에는 '대학생 금융교육봉사단'으로 가입하여 청소년들에게 금융지식을 전파하는 학생들도 많습니다.

이처럼 캠퍼스 금융토크는 권혁세 前 원장을 비롯한 금융권 CEO들과 스페셜리스트들, 열정과 꿈을 가진 대학생들이 함께 만들어 낸 것입니다.

저는 '꿈을 나누는 대학생 금융캠프'에서 학생들의 꿈을 하나하나 읽으면서 그들의 꿈이 반드시 이루어지도록 응원했으며, 대학생들과 손수 접은 종이비행기를 하늘 높이 날리면서 지혜와 힘을 모아 우리나라를 금융강국으로 만들 수 있기를 염원했습니다. 세계 무대에 내세울 선수조차 하나 없다는 비판을 받아온 우리 금융산업이 세계 무대에서 당당히 경쟁할 수 있으려면 상상력과 창의성을 가지고 도전하는, 그러면서도 따뜻한 마음을 가진 젊은 인재가 절실하기 때문입니다.

권혁세 前 원장과 금융회사 CEO들이 저와 같은 마음으로 캠퍼스 금융토크를 통해 대학생들에게 전하고 싶어 했던 이야기들을 이 책에 담았습니다. 아무쪼록 1년여 기간 동안 캠퍼스에서 대학생들과 금융인들이 소통한 내용을 기록한 이 책이 금융에 대한 관심과 이해에 많은 도움이 되기를 바랍니다.

앞으로도 금융감독원은 지방에 소재한 대학교를 중심으로 산학협동 교육의 새로운 지평을 연 금융토크를 지속 개최하여 전국의 모든 대학생들이 꿈을 실현하고 금융행복(Financial Wellbeing)을 누릴 수 있도록 돕겠습니다.

아울러 자료수집과 편집 등 이 책을 발간하기까지 많은 도움을 주신 매일경제 장대환 회장님을 비롯한 직원 여러분에게 진심으로 감사드립니다.

발간사

금융이 함께하는 대학생의 꿈과 희망 컨설팅 '캠퍼스 금융토크'

장대환 매경미디어그룹 회장

새 정부가 '국민행복'이라는 캐치프레이즈를 내걸고 국민의 경제생활 안정에 많은 노력을 기울이고 있습니다. 이를 위해서는 무엇보다 금융의 역할이 막중합니다. 서민금융에 대한 적극적인 지원을 통해 소외받던 서민들의 경제 활력을 되살려야 합니다. 장기적으로는 똑똑한 금융소비자를 길러내 중산층을 획기적으로 늘려야 합니다.

금융교육은 현명하고 합리적인 금융소비자를 육성하는 중요한 방안입니다. 매일경제는 국민들의 머니 아이큐(MQ)를 높이고 현명한 금융소비자 양산을 지원하는 프로그램을 진행해 왔습니다. 또 금융감독원과 '금융교육 협력에 관한 협약(MOU)'을 체결하여 금융소비자 보호의 핵심 수단인 금융교육 발전을 위해 함께 노력해 왔습니다.

금융감독원이 진행하는 청소년부터 대학생, 성인, 그리고 취약계층을 아우르는 폭넓은 금융교육을 적극 지원해 금융교육의 효과를 높이고, 금융교육의 필요성에 대한 사회 전반의 인식을 제고하는 성과를 올리기도 했습니다.

대학생은 머지않은 장래에 사회생활을 시작하게 되고, 장차 우리 사회의 리더로 성장할 재목입니다. 이들에게는 사회·금융·경제 현상을 제대로 이해할 수 있는 능력을 키우도록 돕고, 전문 직업 선택에 필요한 정보와 경험을 제공하며, 진정한 리더가 갖추어야 할 덕목을 두루 갖출 수 있도록 하는 교육이 필요합니다.

금융감독원이 2011년부터 개최한 '꿈을 나누는 캠퍼스 금융토크'는 이러한 교육적 요소를 모두 갖춘 대학생 금융교육 프로그램으로, 대학생 금융교육의 새로운 장을 연 것으로 평가합니다.

캠퍼스 금융토크는 금융감독원장과 우리 시대 대표적인 금융계 CEO들이 서울과 지방의 9개 대학을 방문하여 학생들과 함께 토론하고, 그들의 성공 스토리와 금융인의 자세를 들려줬으며, 대학생들에게 '꿈과 희망, 열정과 도전'을 심어 주었습니다.

이 책《꿈을 나누는 캠퍼스 금융토크 365》는 그간 캠퍼스 금융토크에서 다뤘던 국내외 금융·경제 현안을 체계적으로 알기 쉽게 정리한 것입니다. 대학생들이 신문과 방송을 통해 알고는 있지만 원인과 대책 등 자세한 내용을 인식하기 어려웠던 금융·경제 현황을 주제별 Q&A 방식으로 생동감 있게 풀어감으로써 실제 캠퍼스 금융토크에서 듣는 것처럼 이해하기가 쉬울 것입니다.

대학생들의 경제와 금융에 대한 이해는 매우 중요합니다.

이 책은 우리 사회 주역이 될 대학생과 젊은 청년들이 우리나라 경제 상황을 제대로 인식하는 데 도움을 줄 것입니다. 이 책을 계기로 금융의 역할에 대해 고민하는 대학생들의 숫자가 늘어난다면 우리 경제와 사회, 그리고 금융은 한 단계 더 발전할 수 있을 것입니다. 우리 젊은 청년들이 리더로서 꿈을 펼치는 데 이 책이 많은 도움이 되기를 기대합니다.

목차

발간사

4
열정과 꿈을 나누는 캠퍼스 금융토크 365

6
금융이 함께하는 대학생의 꿈과 희망 컨설팅 '캠퍼스 금융토크'

1 금융토크가 걸어온 발자취

12
금융토크 그 365일간의 일기

19
꿈같은 캠퍼스 금융토크 참여기

24
현장스케치

30
캠퍼스 금융토크가 찾아간 곳

32
캠퍼스 금융토크를 빛내준 금융계 리더

2 금융토크가 다뤄본 금융이야기

36
경제·금융의 위기 극복을 위한 노력

38 | 국내외 경제상황을 진단하다
41 | 산너머 산, 유럽발 금융위기
49 | 가계부채, 무엇이 문제인가
56 | 가계부채 연착륙을 위한 해법
61 | 하우스푸어, 가계부채의 또 다른 양상
64 | 일자리 창출에서 찾아보는 가계부채 해법
68 | 창조경제의 주역, 중소기업 경쟁력 강화를 위한 금융의 역할

72
따뜻한 금융, 상생하는 금융, 소비자 중심의 금융

74 | 우리가 금융의 사회적 책임을 이야기하는 이유
81 | 금융소외계층과 상생하는 금융
94 | 36.5도 따뜻한 금융의 실천
98 | 금융지식 나눔의 실천, FSS DREAM 대학생 금융교육 봉사단
105 | 전국 방방곡곡으로, 금융사랑방버스 출범
109 | 서민경제의 뿌리, 자영업자 지원을 위한 대책
113 | 금융감독 제대로 하기 : 금융소비자보호 강화
121 | 금융범죄로부터 안전한 사회 만들기
131 | 현명한 소비자의 금융상품 선택 도우미 : 금융소비자 리포트
140 | 상호저축은행 부실화와 뼈있는 교훈

158
세계로 향하는 우리 금융산업과 일자리 창출

160 | 우리 금융산업의 현주소와 글로벌화
172 | 청년 일자리 창출과 금융의 역할
178 | 대학생 금융문제 현황과 바람직한 금융생활

* 정부와 금융권의 대학생 학자금 지원 제도

3
금융이 원하는 대학생

198 금융계 리더들이 생각하는 대학생

199 | 최고의 프로가 되기 위해 열정을 쏟아라

205 | Joy Together! 폭넓은 경험과 긍정의 마인드

208 | 꿈, 용기, 자신감을 항상 지녀라 Be Ambitious, Brave and Confident!

212 | 고민하고, 궁금해 하고, 역경을 이겨내는 젊은 패기

215 | 꿈과 경험, 인간관계로 만들어가는 인생 성공

220 | "Incredibly Credible!"

225 | 행복한 금융과 금융인으로 성공하기

230 | 여성 금융인의 성공 법칙

* 금융감독원장이 다시 취업에 도전한다면! 금융권 취업 8계명

238 금융계 인사책임자가 전하는 금융취업의 지름길

239 | 은행 취업 하기는 하늘의 별따기가 아닙니다

242 | 증권회사 채용담당 임원이 생각하는 금융투자인

246 | 알고 준비하는 금융권 취업

4
대학생들이 생각하는 금융토크

252 캠퍼스 금융토크 그 꿈 같은 이야기

253 | 중요한 것은 하드웨어가 아니라 소프트웨어다

258 | 연애소설 같은 이야기

262 | 돈으로는 살 수 없는 많은 것들

265 | 금융에 대한 열정을 키울 수 있었던 계기

268 | 뜨거운 열정과 도전의 장, 금감원 대학생 금융캠프

273 | 한 걸음 더 다가가다

277 | 캠퍼스 금융토크라는 내 인생의 봄바람

282 | 금융인재가 되기 위한 첫 번째 발걸음

287 | 금융토크, 그리고 FSS DREAM 금융교육봉사단

291 | 금지자 : 금융을 지키는 자

5
금(金)툰으로 풀어보는 대학생 금융피해 예방가이드

298 납치빙자 보이스피싱 : 그 놈 목소리

307 파밍(Pharming) : 돌아온 털미네이터

316 대포통장 : 대포소년

325 대출사기 : 대출사기의 발견

금융토크가 걸어온 발자취

금융토크 그 365일간의 일기

권혁세
제8대
금융감독원장

캠퍼스 금융토크는 대학생들에게 금융을 제대로 이용할 수 있는 지혜를 전수하고, 이들이 장래에 우리 금융산업을 이끌어갈 인재가 되도록 꿈을 주고 도전할 동기를 부여하고자 금융감독원과 금융권이 공동으로 마련한 '대학생을 위한 소통형 금융교육 프로그램'이다.

2011년 3월 금융감독원장에 취임할 즈음, 우리 경제는 글로벌 금융위기로 인한 경제문제를 극복하는 과정에 있었고, 우리 사회의 한편에서는 소외계층들의 어려움이 커져만 가고 있었다. 대학생들도 그중 일부였다. OECD 국가 중 세 번째로 비싼 등록금, 높은 생활비는 배움에 매진해야 할 대학생들마저 고금리 대출을 이용하게 만들었고, 순진한 대학생들을 금융사기의 피해자로 양산해냈다.

대학생 아들을 가진 부모로서 그리고 금융감독을 책임지는 금융감독원장으로서 금융피해로부터 고통 받는 학생들을 보호하고 나아가 이들이 장래 우리나라의 기둥으로 성장하도록 도울 수 있는 방법을 고민하지 않을 수 없었다. 특히 대학생들의 금융이해력이 낮게 나왔다는 조사결과는 대학생의 금융역량을 높여줄 수 있는 방안을 미룰 수 없게 만들었다.

대학생을 위한 금융교육 프로그램이 턱없이 부족하고, 수업 역시 단순한 금융지식을 설명하는 것이 현실이었다. 이러한 교육방식은 대학생들에게 금융피해를 예방하는 지혜와 창조적인 사고방식을 전하는 데 한계가 있을 수밖에 없었다. 그렇게 해서는 우리사회의 창조적 변화를 이끌 인재를 키울 수 없다고 생각했다.

2011년 여름, 처음 캠퍼스토크에 대한 아이디어를 실무진에게 제안했을 때 반응은 소극적이었다. 대학 측과 강의 협의 문제나 학생들의 참여나 반응 등에 대한 실무진의 걱정이 컸을 것이라 짐작된다. 특히, 당시에는 저축은행사태 등으로 금융감독원에 대한 여론도 싸늘할 때였다.

실무진을 설득하면서 학생들의 참여를 유도할 수 있는 다양한 방안을 모색토록 했다. 3개월여의 고민 끝에 그 대학 출신의 성공한 금융인들과 함께하는 '캠퍼스 금융토크'가 바야흐로 11월에 이화여대를 시작으로 출발하였다.

캠퍼스토크에 대한 학생들의 인지도를 높이기 위해 초기에는 유명 개그맨의 금융조크 코너를 신설했고, 머니투데이 방송의 지원하에 토론 전과정을 녹화 방영하였다.

'금융'이라는 어려운 주제이긴 했지만, 토론은 가벼운 토크 형식으로 진행되었다. 대학생들은 금융 현상에 대한 이해도를 높일 수 있었고, 토론자들은 청년들의 시각과 아이디어를 들을 수 있어 참여와 소통이 이루어지는 장이 되었다. 이러한 장점은 이화여대를 시작으로 숭실대에 이르기까지 전국 9개 대학에서 3,600명이 넘는 대학생들과 다양한 주제를 가지고 토론할 수 있는 힘이 되었다.

유럽 재정위기, 가계부채와 하우스푸어 문제에 대해 토론하면서 우리나라가 글로벌 금융위기 이후 이를 어떻게 극복해 왔는지 그리고 금융을 안정시켜 경제의 불확실성을 어떻게 해소해 왔는지, 향후 과제는 무엇인지에 대해 대학생들과 금융인들이 머리를 맞대고 이야기하였다.

또한 위기 극복과정에서 도외시되던 사회적 소외계층 보호를 위해 금융이 어떤 역할을 해야 하는지에 대한 토론도 진행되었다. 금융이 '탐욕'이라는 태생적 가치를 벗어 던져야 한다는 기치 아래 '따뜻한 금융, 상생하는 금융, 소비자 중심의 금융'이라는 주제가 마련되었다. 금융의 사회적 책임 강화, 소외계층에 대한 금융지원, 소비자보호를 위한 금융당국의 역할론에 대해 논의도 했다.

당초 걱정과는 달리 '캠퍼스 금융토크'는 횟수를 거듭할 수록 학생들의 참여와 호응이 높아갔고 특히, 지방대 학생들의 열기가 뜨거웠다. 청와대와 교육부, 서울시 교육청 등 많은 기관에서도 관심을 갖고 '캠퍼스 토크' 현장을 다녀갔다.

1년 넘게 계속된 대학생들과의 금융토크를 통해 확인한 한 가지는 '우리 대학생들의 가장 현실적인 꿈은 일자리'라는 사실이었다. 금융산업의 일자리 창출이라는 주제에 대해 학생들은 금융산업의 선진화와 국제화는 물론 금융 연관 산업의 발전을 도모해야 새로운 일자리가 창출될 수 있다는 데 동감하며 일자리 창출을 위한 금융의 역할 강화를 주문하기도 하였다.

청년 일자리가 좀처럼 늘어나지 않는 현실이지만, 대학생들이 금융에서 그 꿈을 찾을 수 있도록 도움을 주고 싶었다.

캠퍼스 금융토크 현장에서 마주한 아름다운 장면들을 생각할 때면 절로 미소가 지어진다. 여대생으로 가득 찬 이화여대 금융토크에서 홀로 질문하던 서울시립대 남학생이 떠오른다. 추운 날씨에도 시멘트 맨바닥에 앉아 끝까지 함께 했던 전남대 학생들에게는 미안한 마음이 들고, 객석 한 곁에서 나를 응시하던 광주여상 여고생들의 초롱초롱한 눈망울은 너무도 선하다.

서울금융고에서는 깜짝 출연한 개그맨 최효종 씨 덕분에 금융토크 분위기가 활기차졌는가 하면, 숭실대와 건국대에서는 대학생들의 날카로운 질문 공세에 토론인사들이 곤혹을 겪기도 하였다.

토론 중에 이뤄진 즉석 채용 인터뷰에 재치 있는 답변으로 토론자의 시선을 이끈 충남대 학생, FSS DREAM 대학생 금융교육 봉사단원으로 자신의 강의봉사 경험을 소개한 부산대 학생까지, 금융토크에 참석한 학생들의 활기차고 열정적인 모습은 나를 포함한 모든 토론인사들에게 깊은 인상을 심어 주었다.

금융토크가 토론을 통해 학생들의 평소 생각과 토론인사들의 경험에서 나온 아이디어를 교환했던 자리였다면, 2012년 7월과 2013년 2월에 각각 개최한 '꿈을 나누는 대학생 금융캠프'는 대학생들의 끼와 재치, 아이디어를 엿볼 수 있었던 장이었다.

'금융강국 차세대 리더를 찾아라'라는 슬로건 아래 개최한 '금융콘테스트'에서는 불완전판매, 금융소비자보호 등에 대한 그들의 참신한 시각과 아이디어를 얻을 수 있었다. 대상을 받은 전남대, 부산대 팀뿐 아니라 이화여대, 건국대, 충남대 등 다른 학교 학생들의 작품들도 대상 수상팀 못지않은 훌륭한 감동과 재미를 선사했다.

함께 열린 금융토크, 산학멘토링, 명사강연 등 다채로운 프로그램을 통해 대학생들은 금융의 현실을 정확히 이해하고, '따뜻한 금융'이라는 금융의 새로운 패러다임에 대해 고민했다. 미래에 대한 꿈과 희망 그리고 도전정신을 북돋아 차세대 글로벌 리더로 성장하도록 동기를 갖게 한 절호의 기회였다.

지난 1년간 캠퍼스 금융토크와 금융캠프가 성공적으로 치러질 수 있었던 것은 대학생들의 자발적인 참여 외에도 총 36명의 열정적인 금융계 리더들의 도움 덕분이었다. 김정태 하나금융지주 회장님, 조준희 기업은행 행장님, 박근희 삼성생명 부회장님, 최현만 미래에셋그룹 수석부회장님, 신용길 교보생명 사장님, 유상호 한국투자증권 사장님, 손병옥 푸르덴셜생명 사장님, 성세환 부산은행 행장님 그리고 여기서 언급하지 못한 나머지 토론자분들께도 진심으로 감사의 말씀을 드린다.

또한, 캠퍼스 금융토크의 장을 흔쾌히 제공해주고 많은 관심과 지원을 아끼지 않으신 대학총장님들과 교수님들께 감사드린다. 그리고 토크 전과정에 사회를 맡아주신 머니투데이방송 이대호 기자에게도 감사드린다.

아울러, 지난 1년 이상 캠퍼스 금융토크의 성공을 위해 열정적으로 헌신해 주신 문정숙 전 금융소비자보호처장, 남명섭, 김현열 국장과 실무진들의 노고에 고마운 마음을 전하고자 한다. 이들은 매번 금융토크가 끝난 후 학생들의 반응을 점검해서 다음 토크행사를 더욱 다채롭게 보완함으로써 캠퍼스 토크가 지속적으로 사랑받게 만든 일꾼들이다.

캠퍼스 금융토크를 겪어보니 '요즘 대학생들은 경제·사회 문제에 대한 현실적인 이해가 없고 자기 자신만 생각한다'는 기존 인식은 나만의 오해였다는 것을 깨달을 수 있었다. 우리 대학생들의 사려 깊은 문제의식은 앞으로 우리나라를 이끌어 가는 데 부족함이 없어 보였다.

폐허로부터 우리나라를 세계 10대 경제대국으로 성장시킨 아버지 세대처럼, 우리 젊은 대학생들 역시 자신의 꿈을 가지고 굳건한 신념과 열정으로 도전할 경우 다가오는 시대에 우리나라를 한 단계 도약시킬 것으로 믿어 의심치 않는다.

마지막으로, '캠퍼스 금융토크'가 새로이 부임한 최수현 원장의 탁월한 지도하에 앞으로 더욱 발전하여 토론과 소통에 바탕을 둔 산·학·정의 새로운 모델로 확고히 자리매김하기를 기대해 본다.

꿈같은 캠퍼스 금융토크 참여기

김민주
건국대학교
부동산학과

"네? 금융감독원장님과 토론이요? 제가 할 수 있을까요?"

따뜻한 봄기운을 알리는 꽃봉오리가 피기 시작한 2012년 3월. 새 학기의 두근거림은 잠시 접어두고, '건국대 캠퍼스 금융토크 대학생 패널'이라는 막중한 임무와 함께 밤을 지새우며 금융공부에 매진했던 기억이 난다. 금융감독원의 금융교육의 일환인, 캠퍼스 금융토크에 대학생 대표 패널로 참여하게 되었기 때문이다.

건국대 금융연구회 소속으로 활동하며 금융현황에 대해 토론하고, 꾸준히 경제신문을 탐독하며 금융에 관심을 갖고 있던 덕분에 주어진 기회였다. 많은 학생들과 수많은 기자들뿐만 아니라, 신문에서만 보던 권혁세 금감원장님, 금융계 인사들과 함께 이야기를 나누는 자리라 하니, 이제 갓 23살이 된 나로서는 큰 부담이 될 수밖에 없었다. 하지만 금융가의 화두에 대해 대학생으로서 평소에 가지고 있던 생각들을 대표해 말할 수 있다는 것은 분명 영광스러운 일이었기에 꼭 잘 해내고 싶었다.

토론주제는 '금융권의 사회적 책임'과 '신용카드 가맹점 수수료 문제'였다.

경제신문에 자주 등장하는 반 월가 시위나 금융권 탐욕문제, 신용카드 사태는 평소에도 접한 이야기였지만, 막상 내 의견을 정리해 말하려고 하니 머리가 지끈거렸다.

금융토크 준비를 위해 금융동아리 친구들과 수많은 이야기를 나누었고, 친구들 의견과 내 의견을 종합해서 초안을 작성한 후, 경영학과 김대호 교수님께 첨삭과 조언을 들으며 수정작업을 거쳤다. 또 신문과 책을 통해 다양한 배경지식도 쌓아 토론 내용을 온전히 내 것으로 만들기 위해 노력했다.

다른 사람들 앞에서 자연스럽게 말하기 위해 녹음을 해서 들어보기도 하고 발음도 신경 쓰고…. 중대한 면접을 치르는 듯한 느낌이 들었다. 그리고 마침내 3월 14일 아침이 밝았다.

"서민경제를 위한 정책을 펴겠다는 말은 그만했으면 좋겠습니다. 대학생들은 학교 앞에서 파는 5,500원짜리 제육덮밥 한 그릇에도 벌벌 떠는데, 이제는 피부로 느낄 수 있는 정책을 내 주셨으면 합니다."

건국대학교 법학관 102호는 300여 명의 예비 금융인들로 그 어느 때보다 열기가 뜨거웠다.

행사 시작은 오전 10시였지만, 그전에 건국대 총장님과 권혁세 금감원장님을 비롯해 김희건 신한카드 부사장님, 송여익 하나은행 인력지원부장님, 김지혜 우리투자증권 대리님 등 금융토크에 참여하는 금융인들이 모여 다과시간을 가졌다. TV에서만 보던 권혁세 금감원장님을 실제로 뵈니 신기했다. 금융감독원은 권위적이고 어려운 곳일 거라고만 생각했는데, 동네 구청 같은 따뜻한 분위기도 느낄 수 있었다.

현장 분위기는 말이 '토크'지 사뭇 진지했다. 자리를 찾지 못한 학생들은 강당 뒤에 빼곡히 서서 수첩을 꺼내 들었다. 떨리는 긴장감 속에 나의 자유발언이 모두 끝났고 금감원장님과 김희건 신한카드 부사장님이 내 의견에 대한 답변을 해 주시기도 했다. 민감한 이야기들도 있었지만, 공감을 표하며 적극적으로 답변을 해주셔서 감사했다.

다양하게 진행된 코너에서는 우리학교 학생들의 질문도 쏟아졌다. 여신전문금융업법 개정안, 가계대출, IC 카드 교체 등 최근 금융계 현안을 총 망라한 질문들이 가득했다. 대학생들이 취업에만 관심이 있는 것이 아니라 실제로 금융현황 이슈에도 많은 관심이 있다는 것을 보여줄 수 있었고, 현직 금융인들에게 듣는 생생한 답변 덕분에 우리들의 지식에 대한 갈망도 조금이나마 해소될 수 있었다.

토크 후반부에는 인생선배로서 대학생들을 위한 삶의 조언과, 금융인을 꿈꾸는 후배들을 위한 취업 팁, 그리고 생생한 경험담까지 들려주셔서 강당 가득 즐거운 웃음이 넘치기도 했다.

캠퍼스 금융토크 이후, 그리고 앞으로의 모습

1시간 30분이 지나고, 나는 다시 금융인을 꿈꾸는 평범한 학생으로 돌아왔다. 집에 와서 인터넷 검색을 해보니 많은 기사들이 쏟아져 있었다. 오전에 있었던 일들이 꿈처럼 느껴졌다. 아쉽기도 하고 뿌듯하기도 하고, 무사히 잘 끝난 것이 다행스러웠다. 그 이후 나는 연계 프로그램인 '산학 멘토링'에도 참여했다. 행사의 주체인 금융감독원에서 캠퍼스 금융토크라는 단발적 행사를 산학 멘토링으로 연결, 지속적으로 금융권과 학생들이 소통할 수 있게 도움을 준 것이다.

나는 신한카드 멘토링에 참여했는데, 카드업계에 관한 실질적인 정보를 접할 수 있어서 좋았고, 김희건 부사장님의 학창시절 이야기와 뒤풀이 저녁식사도 잊지 못할 좋은 추억으로 남았다.

캠퍼스 금융토크가 계기가 되어, 현재도 다양한 금융 행사나 강연에 적극적으로 참여하고 있다.

'2012 머니투데이 MT 금융 페스티벌'에서는 금융토크 때 언급 되었던 '금융사기' 내용을 응용하여 금융캠페인 UCC를 제작해 대상을 수상하기도 하였다. 그리고 대학생 대표로 금융토크를 나누었다는 큰 경험을 바탕으로, 사람들 앞에서 당당히 나의 의견을 말할 수 있는 발표력과 자신감, 예비 금융인으로서의 긍지도 가지게 되었다. 그래서 더 책임감을 갖고 우리 금융의 현실과 과제를 알 수 있도록 새로운 지식을 쌓으며 꾸준히 노력하는 중이다.

2013년에도 따뜻한 금융이야기들이 '캠퍼스 금융토크'를 통해 전국 캠퍼스에 가득 전해질 것이다. 나는 미래를 이끌어갈 우리나라의 꽃봉오리 중 하나로서, 금융으로 따뜻해지는 세상을 꿈꾸며 끊임없이 정진할 것이라 다짐하며 이 글을 마친다.

현장 스케치

1 | 제1회 이화여대 방문 캠퍼스 토크 | 토론회장으로 입장하는 권혁세 전 금융감독원장

2 | 제1회 이화여대 방문 캠퍼스 토크 | 이대호 MTN 기자, 손병옥 푸르덴셜생명 사장, 권혁세 전 금융감독원장, 이재경 삼성증권 상무, 김지현 신한은행 행원(왼쪽부터)

3 | 제2회 전남대 방문 캠퍼스 금융토크 | 대학 강의실을 처음으로 찾은 광주여상 꿈나무들

4 | 제2회 전남대 방문 캠퍼스 금융토크 | 추운 날씨에도 행사장을 가득 메운 전남대학교 학생들

5 | 제4회 건국대 방문 캠퍼스 금융토크 | 산학멘토링 프로그램에 참여한 건국대학교 학생 멘티들과 멘토 권혁세 전 금융감독원장

6 | 제4회 건국대 방문 캠퍼스 금융토크 | 캠퍼스 금융토크의 의의와 토론인사를 소개해주시는 건국대학교 김진규 총장님

7 | **제7회 충남대 방문 캠퍼스 금융토크** | 450석 규모의 대강의실을 가득 메운 충남대학교 금융토크

8 | **제6회 경북대 방문 캠퍼스 금융토크** | 금융토크 다이내믹 토크 시간에 질문하는 경북대학교 학생

9 | **여름금융캠프** | 차세대 금융리더를 찾아라!에서 불법사금융 피해예방 영상물로 대상을 차지한 전남대학교팀

10 | **제5회 한양대 방문 캠퍼스 금융토크** | 금융토크에 참여해주신 이대호 MTN 기자(진행자), 정재연 삼성증권 대리, 민욱 교보생명 상무, 권혁세 전 금융감독원장, 강정현 한양대 학생, 이중호 우리은행 인사부장(왼쪽부터)

11 | **여름금융캠프** | 꿈을 나누는 대학생 금융캠프 오리엔테이션 시간

12 | **여름금융캠프** | 차세대 금융리더를 찾아라!에서 경연 중인 경북대 학생

현장 스케치

1 | 여름금융캠프 | 금융캠프 마지막 피날레~~ 최수현 금융감독원장과 참가 대학생들이 함께 외친 "나는 미래의 금융인재, 파이팅!"

2 | 제9회 부산대 방문 캠퍼스 금융토크 | 산학멘토링을 위해 금융감독원장실을 찾은 멘티들과 멘토 권혁세 전 금융감독원장

3,4 | 여름금융캠프 | 자신의 꿈과 희망을 적어 보드에 붙이는 금융캠프 참가 학생들

5 | 여름금융캠프 | 금융전문가와 심화멘토링에 참여하는 학생들과 금융감독원 멘토들

6 | 제10회 강원대 방문 캠퍼스 금융토크 현장 | 최영수 신한은행 부행장보, 권혁세 전 금융감독원장, 이혜경 강원대 학생, 나병윤 미래에셋증권 전무, 임희재 삼성생명 인사과장 (왼쪽부터)

7 | 제9회 부산대 방문 캠퍼스 금융토크 | 여의도 국제금융센터에 위치한 Deloitte 방문 산학멘토링에 참여한 부산대학교 멘티들

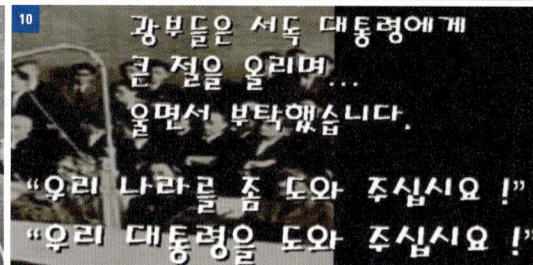

8 | 2013 겨울금융캠프 | 산학멘토링에 참가한 멘토와 멘티가 함께 찰칵!

9, 10 | 금융캠프 | 토크에 앞서 상영하여 보는이의 맘을 찡하게 한 "대한민국의 기적, 한국을 아십니까?"

11, 12 | 캠퍼스 금융토크 | 캠퍼스 금융토크를 통해 1년을 함께 한 두 남자 권혁세 전 금융감독원장과 이대호 MTN 기자

13 | 제11회 숭실대 방문 캠퍼스 금융토크 | 여학생들에 둘러싸여 사진을 찍는 권혁세 전 금융감독원장

14 | 2013 겨울금융캠프 | 모의면접에 참가하여 진지하게 면접을 보고 있는 금융캠프 참가 학생들

현장 스케치

1 | FSS DREAM 대학생 금융교육봉사단 | 나는 꿈을 키우는 대학생 금융교육봉사단 파이팅!

2 | FSS DREAM 대학생 금융교육봉사단 | 금융감독원 강당에서 금융교육 봉사 연수에 집중하고 있는 봉사단원들

3 | FSS DREAM 대학생 금융교육 봉사단 | 출범식 선서!

4 | 2013 겨울금융캠프 | 캠프 참가 대학생들과 이야기를 나누는 최수현 금융감독원장

5 | **2013 겨울금융캠프** | 금융 CEO들과 함께 "찰칵, 파이팅!"

6,7 | **2013 겨울금융캠프** | 금융캠프 프로그램 "호모루덴스, 금융을 체험하다"에서 진정한 금융의 역할이 무엇인지 찾는 대학생들

8 | **2013 겨울금융캠프** | 금융캠프 피날레 행사에서 대학생들과 꿈, 소망을 담은 종이비행기를 날리고 있는 최수현 금융감독원장

캠퍼스 금융토크가 찾아간 곳

서울

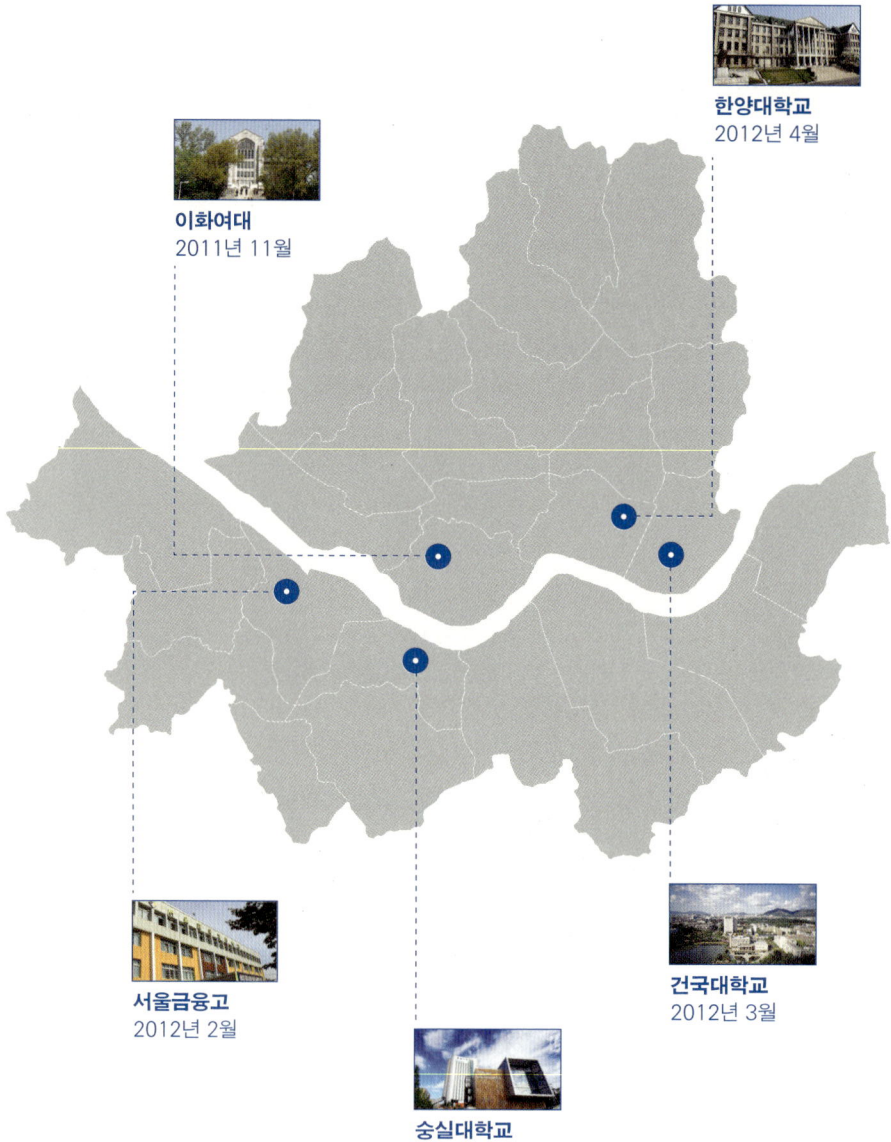

이화여대
2011년 11월

한양대학교
2012년 4월

서울금융고
2012년 2월

숭실대학교
2012년 11월

건국대학교
2012년 3월

지방

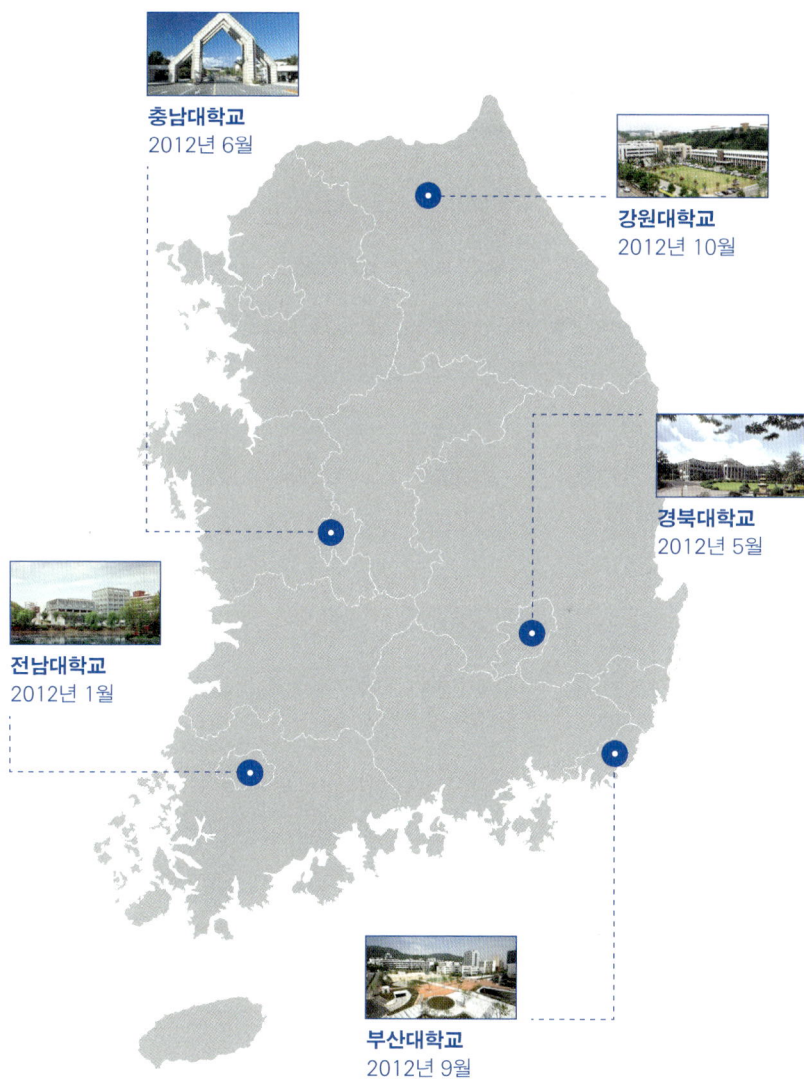

충남대학교
2012년 6월

강원대학교
2012년 10월

경북대학교
2012년 5월

전남대학교
2012년 1월

부산대학교
2012년 9월

캠퍼스 금융토크를 빛내준 금융계 리더

2011 2012

11월
이화여대

손병옥
푸르덴셜생명
사장

이재경
삼성증권
상무

김지현
신한은행
행원

1월
전남대학교

최현만
미래에셋그룹
수석부회장

김해경
광주은행
본부장

전홍철
국민은행
인사팀장

정일혁
삼성생명
사원

2월
서울금융고

권점주
신한생명
사장

박지유
대우증권
부장

이해용
산업은행
인사부장

김성미
기업은행
행원

3월
건국대학교

김희건
신한카드
사장

송여익
하나은행
인력지원부장

김지혜
우리투자증권
대리

김민주
건국대학교
학생

4월
한양대학교

민욱
교보생명
상무

정재연
삼성증권
대리

이중호
우리은행
인사부장

강정현
한양대학교
학생

5월
경북대학교

천해광
대구은행
부행장보

이윤희
삼성카드
상무

김영순
대한생명
인사부장

한지민
경북대학교
학생

• 권혁세 제8대 금융감독원장은 매회 참석

2013

6월	7월	9월	10월	11월	2월
충남대학교	금융캠프	부산대학교	강원대학교	숭실대학교	금융캠프

박종덕
하나은행
부행장

김정태
하나금융그룹
회장

성세환
부산은행
은행장

최영수
신한은행
부행장보

조준희
기업은행
은행장

조준희
기업은행
은행장

이재우
BOA메릴린치
상무

최현만
미래에셋그룹
수석부회장

김병덕
금융연구원
위원

나병윤
미래에셋증권
전무

고준호
삼성생명
전무

박근희
삼성생명
부회장

민종수
삼성증권
팀장

신용길
교보생명
사장

이성한
삼성증권
인사부장

임희재
삼성생명
인사과장

김동건
한국투자증권
상무

유상호
한국투자증권
사장

이정진
충남대학교
학생

배현경
부산대학교
학생

이혜경
강원대학교
학생

금융토크가 다뤄본 금융이야기

경제·금융 위기
극복을
위한 노력

캠 퍼 스
금 융 토 크
365

1997년 외환위기시 국제통화기금(IMF)으로 받은 구제금융의 대가는 혹독했다. 수많은 기업과 금융회사들은 문을 닫았고, 실직자들이 속출했다. 그러나 우리는 기업과 금융회사의 뼈를 깎는 구조조정과 금 모으기 운동을 통해 외환위기를 이겨냈다. 단순히 이겨낸 정도가 아니라 단군 이래 최고의 호황을 누렸다.

외환위기가 우리 자신의 잘못으로 겪은 어려움이라면, 2008년 미국에서 시작된 글로벌 금융위기와 유럽국가들의 재정위기는 우리가 아닌 다른 국가들에서 비롯된 것이다. 우리에게 외환위기 당시보다 어려운 또 한 번의 위기가 닥친 것이다.

2008년 글로벌 금융위기는 미국 주택담보대출의 부실화에서 비롯되었다. 2000년 벤처 붐이 끝나고 2001년 9.11사태를 겪으면서 경기침체가 이어지자 미국 정부는 금리를 낮추고 주택경기를 부양시키는 조치를 취했다. 집값이 오르자 사람들은 너도 나도 앞 다투어 돈을 빌려 집을 샀다. 모기지 업체들은 신용도가 낮은 사람들에게도 대출을 해 주었다. 대출을 받은 사람들은 자고 나면 올라가는 집값을 보며 대출을 받아 차를 사고 여가를 즐겼다.

그러나 미국에서 집값 거품이 꺼지면서 문제가 드러나기 시작했다. 대출을 받은 개인들이 대출금을 갚지 못하게 되었고 모기지 업체는 점차 부실화되었다. 서브프라임 모기지 파생상품에 투자한 헤지펀드, 금융회사들은 속속 문을 닫게 되었고 이로 인해 전 세계 금융시스템이 송두리째 흔들리게 되었다. 이렇게 시작된 글로벌 금융위기는 2010년 그리스가 국제통화기금(IMF)과 유럽중앙은행(ECB)에 구제금융을 신청하며 포르투갈, 이탈리아, 스페인 등 유럽 국가들을 모라토리엄 상태에 빠지게 만들었다.

독일과 영국, 프랑스 등 그나마 재정상태가 양호한 국가들이 남유럽국가들의 재정적자를 메워주고는 있지만 그 여파는 세계경제를 동반 침체의 길로 빠지게 만들었다. 유럽 국가에 수출을 많이 하는 우리나라는 말할 것도 없고, 중국마저도 그 영향권 내에 있어 전 세계는 1930년 대공황 이후 최악의 위기 상황으로 치달았던 것이다.

캠퍼스 금융토크를 처음 시작하던 2011년 가을 우리에게는 유럽 재정위기의 여파를 어떻게 극복할 것인가가 최대 현안이었다.

국내외 경제상황을 진단하다

Q 글로벌 금융위기 이후 국내외 경제 상황의 불확실성으로 우리나라 경제는 많은 스트레스를 받고 있다. 대내외 경제 여건은 어떠한 상황인지?

세계 경제는 글로벌 금융위기와 유럽 재정위기로 이어지는 최악의 위기 상황(Tail Risk[1])에서는 벗어난 상태이다. 국제통화기금(IMF)은 2013년 세계경제가 3.1%내외의 완만한 성장을 이룰 것으로 예상하고 있고, 미국과 일본 등 선진국은 재정확대를 통해 경기회복의 모멘텀을 마련해 왔다.

미국의 연방준비제도이사회(FRB)는 2008년 11월부터 2010년 3월까지 1조 7,000억 달러를 시장에 푸는 등 2012년까지 세 차례에 걸쳐 양적완화(Quantitative Easing) 정책[2]을 실시했다. 여기에 유럽연합(EU), 일본, 영국도 양적완화 정책에 합류했다. 그 결과 이들 4개 경제권에서만 전 세계 GDP의 7.2%에 달하는 총 5조 달러가 시장에 공급되었다.

---

1 Tail Risk(꼬리리스크) : 일어날 확률은 높지 않지만 일단 발생하면 시장을 뒤흔들 수 있는 엄청나게 큰 위험 (2008년 글로벌 금융위기가 대표적인 사례)

2 양적완화 : 중앙은행이 금리 인하를 통한 경기부양 효과가 한계에 직면했을 때 시중에 통화를 직접 공급해 신용경색을 해소하고 경기를 부양시키는 통화정책

벤 버냉키(Ben Bernanke) FRB의장은 세차례에 걸쳐 양적 완화 정책을 실시하였다

이러한 노력으로 글로벌 경제의 핵심 축을 담당하는 미국은 고용부문과 주택부문이, 중국은 소비와 생산 측면이 긍정적인 방향으로 개선되어 가고 있다. 국제통화기금(IMF)은 2013년 미국의 경제성장률을 약 1.7%, 중국에 대해서는 약 7.8%로 예측하고 있다.

양적완화 정책은 금융시장의 다양한 변수에 부정적 영향

이렇듯 세계 경기가 회복되고 있는 징후가 곳곳에서 나타나고는 있지만 양적완화 정책의 부작용이 우려되는 상황이다. 양적완화 정책은 글로벌 유동성을 증가시켜 신흥국에서 급격한 자본이동을 일으키고, 국제 원자재 가격을 상승시키는 등 거시경제에 부정적 영향을 초래하고 있다.

이러한 정책은 양적완화 정책을 취하지 않은 다른 나라의 희생을 요구하게 될 것이라는 우려도 확산되고 있다. 우리나라도 이러한 세계 경제의 불확실성에 대비하기 위하여 경계를 늦출 수 없는 상황이다. 국내 상황은 더욱 어려운 처지이다. 2012년 경제성장률은 2.0%로 2009년 글로벌 금융위기 이후 최저치로 하락한 상태이다.

올해도 경기 불확실성 등에 따른 소비 심리와 투자 심리 위축, 생산기지 해외이전 등으로 내수도 부진할 것으로 예상된다.

그동안 우리나라 경제를 지탱해주던 수출마저 글로벌 경기 둔화의 영향이 본격화되면서 감소세로 접어들고 있다. 한국개발연구원(KDI)과 국제통화기금(IMF) 등 주요 예측기관들에 따르면 2013년 우리나라 경제성장률을 3% 이하로 전망하고 있다.

금융시장에서는 2012년 말 기준 3년 만기 회사채(AA-등급)의 수익률이 3.77%로 하락하는 등 시장금리가 사상 최저수준에 근접함에 따라 금융자산 수익률 하락이 우려되고 있다.

소비자 물가는 2012년 3월 이후 2% 대의 안정세를 유지하고는 있지만 체감물가가 상승함에 따라 서민들의 시름은 깊어지고 있다. 또한 원화강세, 수출 부진, 주가·환율 변동성 확대, 외국인 자금이탈 우려 등 금융시장의 다양한 변수는 우리 경제에 위기감을 한층 가중시키고 있는 것이 현실이다. 앞으로 어떻게 대응할 것인가? 우리 경제의 앞날을 위해 결정해야 할 문제다.

산 너머 산, 유럽발 금융위기

유럽 재정위기의 원인

Q 2008년 미국에서 시작된 서브프라임 모기지 사태 이후 금융위기가 유럽까지 확산되었는데, 유럽은 금융위기라기 보다는 재정위기라고 한다. 그리스뿐만 아니라 포르투갈, 스페인 등 남유럽 국가들의 신용등급이 급락하였는데, 유럽 재정위기의 원인은 무엇인지?

유럽 재정위기는 그리스 등 유로존(Eurozone) 국가에서 시작하여 이제는 세계경제 차원에서의 위기로서 부각되고 있다. 아마 그렉시트(Grexit)라는 말을 들어보았을 것이다. Greece와 Exit의 합성어로 그리스의 유로존(Eurozone) 탈퇴를 의미하는 이 신조어에서도 알 수 있듯, 2010년 5월 그리스가 재정적자에 따른 국가부도 위기로 국제통화기금(IMF)과 유럽연합(EU)에 1차 구제금융을 신청한 이후 아일랜드, 포르투갈 등도 연이어 구제금융을 신청한 것이 유럽 재정위기의 시작이었다고 볼 수 있다.

유럽 재정위기 진행 경과

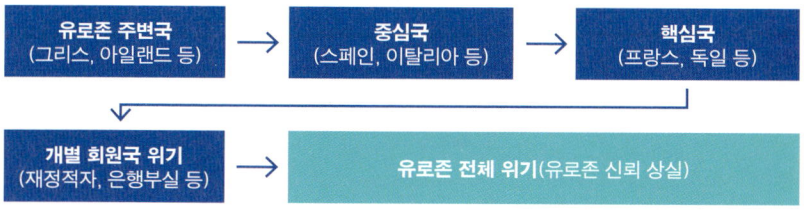

그러나 근래 들어서는 위기가 중심국으로 전이되는 양상을 보였다. 2012년 3월 그리스 2차 구제금융 당시 그리스 국채의 민간 채권자에 대해서도 손실을 부담하도록 한 것을 계기로, 위험자산 회피 현상이 강화되면서 금융권 부실 등 문제를 겪고 있는 스페인 및 이탈리아의 국채금리가 사상 최고 수준으로 급등한 것이다. 또한 각국의 부도 위험을 나타내는 지표인 CDS 프리미엄[1]도 급등하였다.

스페인 국채금리는 2012년 7월 사상최대 수준인 7.62%를 기록하며 '구제금융 마지노선'이라고 일컫는 7%를 넘어섰고, 결국 스페인은 국제통화기금(IMF)과 유럽연합(EU)에 금융권 부실 해소를 위한 구제금융을 신청하였다.

남유럽국 불안은 프랑스, 독일 등의 금융시장 불안 및 실물경제 타격으로 이어지며 유로화에 대한 시장 신뢰가 저하되었고 유럽 전반, 나아가 글로벌 금융시장의 불안요소로 확대되고 있다.

유로존 각국 국채금리 및 CDS 프리미엄 추이

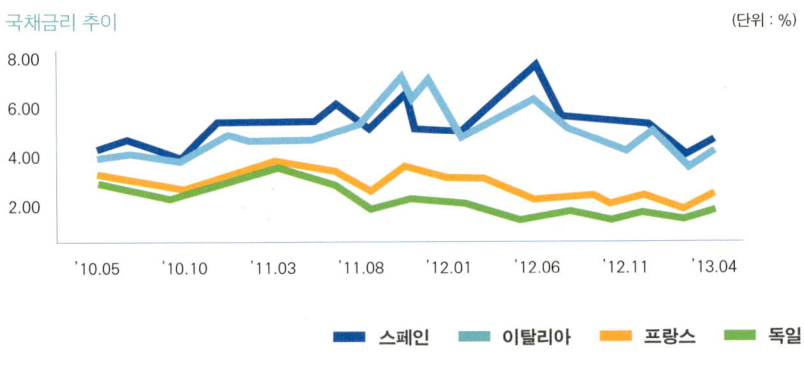

[1] CDS(Credit Default Swap) 프리미엄은 채권의 부도위험만을 사고파는 신용파생상품의 가격(예를 들어 스페인 정부 발행 외화표시채권의 CDS 프리미엄이 높아진다면 국제금융시장에서 스페인의 국가부도위험이 높아지고 있다고 평가)

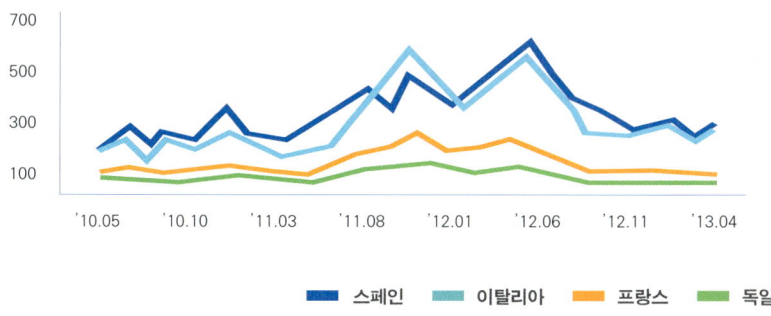

그렇다면 이러한 유럽 재정위기의 원인은 무엇일까? 여기에는 다양한 원인들이 지적되고 있지만, 근본적으로는 단일통화인 유로화를 도입함에 따른 구조적인 문제로 볼 수 있다.

단일통화체제 하에서 환율 조정 등을 통한 경제 자율조정 기능이 취약한 가운데 북유럽국과 남유럽국의 경쟁력 차이로 유로존 국가 간의 경상수지 불균형이 심화되었다. 글로벌 금융위기 이후 부동산 버블 붕괴와 경기 침체는 정부지출을 급격히 확대하게 만들었고, 재정적자 및 부채비율이 급증하여 오늘날과 같은 재정위기로 이어지게 된 것이다.

유럽 재정위기 원인

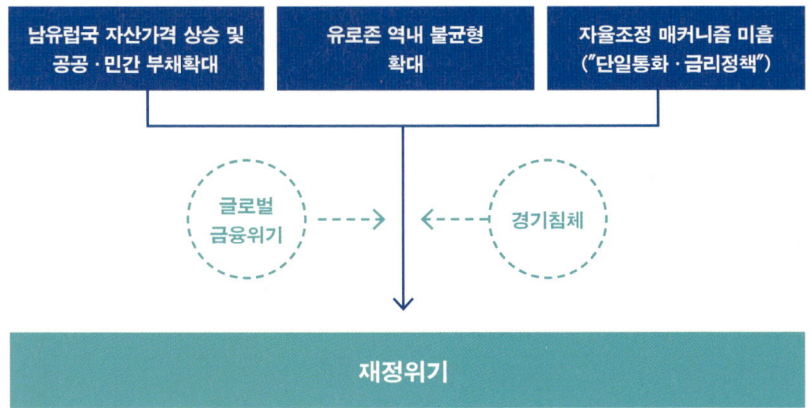

따라서 EU국가들이 단일통화권인 유로존 체제를 유지하면서도 재정위기를 극복해 나가기 위해서는 어느 때보다 각국 정부 및 금융감독당국의 역할이 중요해지고 있다.

유럽국가들의 재정위기 대처 현황

Q 재정위기를 겪고 있는 유럽은 단일통화 경제체제를 갖추고 있으면서도 서로 다른 이해관계로 인해 재정위기를 슬기롭게 대처하는 데 문제가 있을 듯하다. 유럽은 어떻게 이 문제를 다루는지?

유럽중앙은행(ECB)은 2010년 이후 재정이 취약한 국가들의 국채를 매입하고 금융시장에 유동성을 공급하기 위한 다양한 조치들을 통해 시장 안정을 도모하였다. 그러나 이러한 조치들이 임시방편에 그치지 않고 장기적으로 유로존의 안정화를 도모하기 위해서는 보다 근본적인 차원에서의 긴축정책과 구조조정이 요구되고 있다.

먼저 유로존(Eurozone) 회원국 간 재정불균형 해소 및 재정규율 강화 등 재정통합(Fiscal Union)을 목표로 하는 신(新)재정통합협약이 2011년 12월 EU 정상회의에서 합의되어 2013년 시행을 목표로 하고 있다. 또한 금융통합(Banking Union)을 위해 각 회원국의 은행감독기능을 유럽중앙은행(ECB)으로 일원화하는 방안도 발표되었다. 이와 더불어 위기대응능력을 강화하기 위해 2012년 출범한 상시 구제금융기금인 유럽안정화기구(ESM)의 권한을 확대하는 방안도 논의되고 있다.

2011 EU 정상회의에서 유로존 17개국을 포함한 23개국은 '신(新)재정통합협약' 추진에 합의

독일에 소재한 유럽중앙은행(ECB)

유럽 재정위기 해결방안

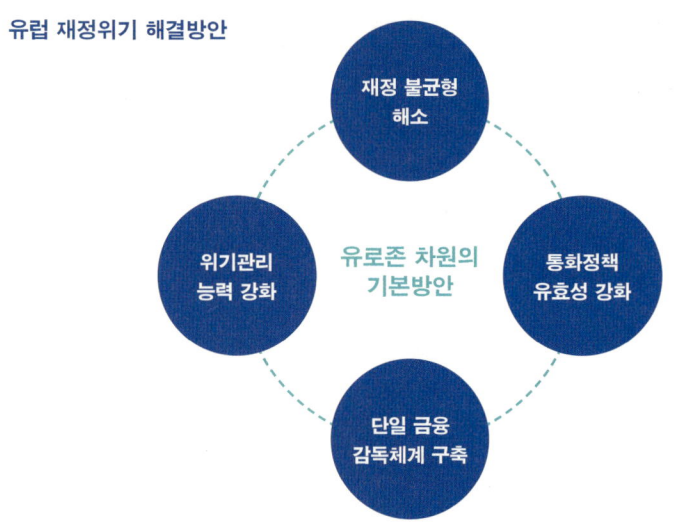

IMF의 유로존 주요 정책권고 내용

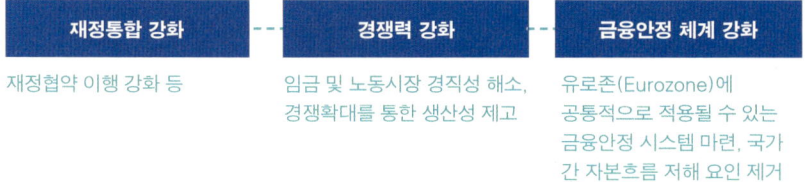

이러한 노력들은 유로존(Eurozone) 국가 간 정치적 합의가 필요하다. 하지만 각국의 경제적, 정치적 이질성이 복잡하게 얽혀있는 현 상황에서는 단기간 내에 합의점을 찾기 어려운 상황이다.

독일 및 북유럽국은 재정 취약국의 긴축정책 추진 등 근본적 해결방안을 주장하는 반면, 프랑스 및 남유럽국은 성장병행정책 마련과 국제통화기금(IMF), 유럽연합(EU), 유럽중앙은행(ECB)의 지원 등을 요구하고 있다. 또한 그리스와 같은 재정 취약국 내부에서는 정치적인 갈등으로 긴축 목표 달성이 원활하게 이루어지고 있지 않은 실정이다.

유럽 재정위기의 교훈

Q 유럽재정 위기를 통해 우리나라가 배울 점이 있다면 무엇이고, 전 세계적인 위기로부터 우리 스스로를 보호하기 위한 방안이 마련되어 있는지?

글로벌 경제위기와 유럽 재정위기의 여파는 점차 우리나라 경제에도 암울한 그림자를 드리우고 있다. 유로존 국가의 경제성장율은 0%로 정체되어 있고, 일부 국가들은 마이너스 성장을 보이고 있다.[1] 우리나라에게 세 번째로 큰 수출시장인 유럽에서의 수요 감소로 이어져 무역의존도가 높은 우리 경제에게는 심각한 상황이 아닐 수 없다.

우리나라는 지난 1997년 혹독한 외환위기를 극복한 경험을 살려 선제적으로 외화유동성을 양호한 상태로 확보하고 외환보유액도 충분히 확보함으로써 글로벌 금융위기를 슬기롭게 대처하고 있다. 그러나 앞으로 유럽 재정위기가 더 오래 계속된다면 글로벌 실물경제 및 금융시장은 심각한 상황에 처하게 될 것이며 이들 국가에 무역의존도가 높은 우리 경제도 그 영향에서 자유로울 수 없을 것이다.

우리나라는 외화유동성이 양호하고 외환보유액도 충분할 뿐만 아니라 경제 펀더멘털이 튼튼한 편이다. 하지만 대외 환경 변화에 따른 급격한 외국인 투자자금 유출입 현상은 금융시장에서 환율 및 금융자산의 가격 변동성을 확대시킬 수 있다.[2]

---

[1] IMF의 2013 유로존 GDP증가율 전망(2013년 1월 발표) : -0.2% (2012년 4분기 유로존 GDP 증가율 : -0.6%)

[2] 국제통화기금(IMF)은 '한국의 자본시장은 세계 그 어느 나라보다 개방돼 있는데, 이는 그만큼 외국계 자본의 급격한 유출입에 대한 리스크가 크다는 것을 의미한다'고 평가(한국 경제 전망 보고서, 2012년 9월 20일)

다행히 최근 유럽중앙은행(ECB)의 정책대응 노력 등에 힘입어 국내외 금융시장이 다소 안정세를 보이긴 했으나, 향후 유로존 불안요인이 재부상할 경우 단기적으로 시장이 크게 요동칠 수 있는 만큼 상시적으로 금융시장을 모니터링하고 선제적으로 안전장치를 강구해두지 않으면 안 된다.

이 때문에 금융위원회와 금융감독원은 비상금융통합상황실을 구성하여 수시로 유럽 및 국제 금융시장 동향을 모니터링하고 있다. 글로벌 투자은행(Investment Banks) 및 금융감독원 해외사무소로부터 해외 시각 및 우리나라 금융회사의 자금동향을 수집하여 분석하고 있다. 아울러 금융감독원은 기획재정부는 물론 한국은행 등 유관기관과의 상시적이고 유기적인 공조체계를 구축하여 체계적인 대응이 가능하도록 하고 있다.

또한 필요시에는 이미 마련 되어있는 비상대응계획(Contingency Plan)에 따라 시장별·단계별 안정화 조치를 적기에 시행하여 위기가 국내에 확산되지 않도록 철저히 대비하고 있다.

비상금융통합상황실(2011년 3월 13일 개소)
국내의 금융시장및 실물경제에 대한 통합 모니터링을 위한
금융위·금감원 '비상금융통합상황실' 운영

금융위·금감원 비상금융합동점검회의
(2013년 5월 16일)

가계부채, 무엇이 문제인가

Q 가계부채 문제가 우리나라 경제의 가장 큰 불안요인 중 하나라고 하는데, 가계부채의 실상과 우리 경제에 미치는 불안 요소, 즉 리스크는 무엇인지?

2000년대 들어 급증하기 시작한 가계부채는 글로벌 금융위기 이후 경기 부진과 부동산시장 침체 등이 맞물리며 현재 우리나라 금융시스템의 안정성을 위협하는 최대 잠재위험 중 하나로 대두되고 있다.

2013년 3월말 현재 가계신용[1] 총액은 961.6조 원으로 10년 전인 2003년 말 472조 원의 두 배를 상회하고 있어 가계부채가 매우 빠르게 증가했음을 알 수 있다. 다른 OECD 국가와 비교하더라도 우리나라의 GDP 대비 가계부채 수준은 OECD 국가 평균(73%)보다 약 8%P 높은 81%에 달하는 것으로 파악되었다. 가처분소득 대비 가계부채 수준 또한 OECD 국가 평균(128%)보다 약 22%P 높은 150%에 달하는 등 우리나라 가계부채는 다른 국가들과 비교하더라도 경제규모와 소득에 비하여 높은 수준인 것으로 평가되고 있다.

---

[1] 개인·가계가 금융회사로부터 대출 받은 금액과 신용카드나 할부금융을 이용하면서 지게된 부채를 의미함

주요 국가별 가계부채 현황 (2010년)

	한국	미국	영국	독일	일본	OECD평균
가계부채/가처분소득(%)	150	121	158	90	121	128
가계부채/GDP(%)	81	92	99	62	62	73

외환위기 이후의 가계부채 증가는 저금리 기조, 풍부한 시장 유동성, 부동산 가격 상승, 금융회사의 대출확대 경쟁 등이 복합적으로 작용한 결과라고 할 수 있다. 가계부채는 경제성장 및 금융발전 과정에서 지속적으로 늘어나는 것이 일반적이며 외환위기 이후 내수회복 등 위기극복·경제성장에 기여한 측면도 있다.

하지만 가계의 부채규모가 빠른 속도로 증가하며 가계의 원리금 상환부담이 커져온 상황에서 글로벌 금융위기 이후 경기부진과 부동산시장 침체가 지속되자 가계부채 부실 확대에 대한 우려가 커지고 있는 것이다.

가계부채 증가세는 둔화, 그러나 질은 악화

2012년 들어서는 부동산시장 침체, 정부의 가계부채 연착륙 대책 등으로 인해 연간 증가액이 48조 원에 그쳤다. 이 수치는 가계신용 연간 증가액이 최고조에 달했던 2011년의 73조 원에 비해 상당히 줄어든 규모이며, 특히 카드사태를 경험했던 2004년 이후 최저 수준이다.

이처럼 외관상 가계부채의 증가세는 둔화되고 있지만, 여전히 가계부채의 부실문제가 국내 전체 경제에 주는 부담이 줄지 않고 있는 것은 사실이다.

연도별 가계부채 규모와 증가율

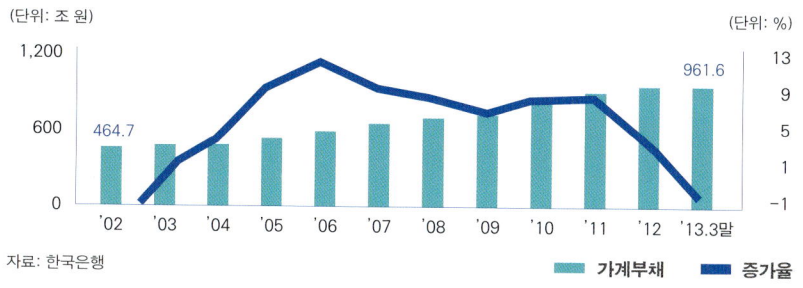

특히 우리나라 가계부채는 규모뿐만 아니라 구조적인 측면에서도 취약성이 내재되어 있는 것으로 평가되고 있다.

가계부채의 리스크 요인

2000년대 중반 이후 누적되어 온 가계부채는 거시경제에 잠재적 부담요인이다. 단기적으로는 가계의 채무상환 부담이 증대되면서 민간소비가 위축될 우려가 있다. 중장기적으로는 내수 기반의 훼손과 가계저축률의 하락으로 인한 불충분한 생산자본 축적은 우리 경제의 성장잠재력을 약화시킬 가능성이 있는 것이다.

따라서 가계부채의 잠재 위험요인이 당장 개선되지 않을 경우 우리 경제와 금융시장에 불안요인으로 작용할 가능성이 높다는 우려가 제기되고 있다.

첫 번째 위험요인으로는 가계대출 상환능력 관련지표 악화를 들 수 있다. 최근 경기 침체로 2007년 이후 하락하던 연체율이 2010년 말 이후 상승 추세로 전환되었으며, 금융회사가 보유하고 있는 가계대출채권 중 부실화된 채권의 비율도 2007년 이후 지속적으로 상승하고 있다.

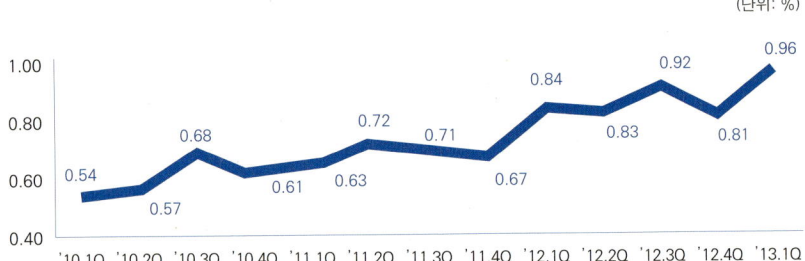

국내 은행의 가계대출 연체율
(단위: %)

자료: 금융감독원

주택담보대출을 상환하지 못하여 경매에 넘어간 주택의 경매낙찰가율도 글로벌 금융위기 직후인 2009년보다 4%P 이상 하락하였다. 또한 부채를 갚을 능력을 잃은 가계의 회생신청 건수도 전년대비 39% 가량 증가한 상태이다.

두 번째 위험요인으로는 금융권의 가계대출 총액에서 비은행권 금융회사의 가계대출이 차지하는 비중이 상승하고 있다는 점이다. 2007년 이후 비은행 금융회사의 가계대출 증가 규모가 은행의 가계대출 증가 규모를 크게 상회하였다. 이에 따라 금융권의 가계대출 총액에서 비은행 금융회사의 가계대출이 차지하는 비중이 2008년 말 46.3%에서 2012년 말 51.5%로 5.2%P 상승하였다.

부문별 가계부채 비중

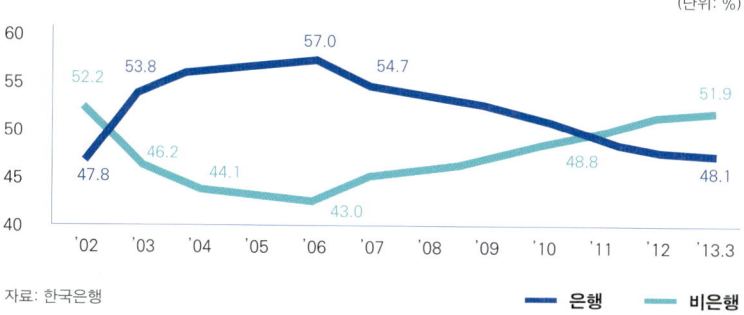

자료: 한국은행

이처럼 상대적으로 고금리인 비은행 가계대출의 증가세가 지속될 경우 가계대출의 건전성이 악화될 우려가 있다. 특히 비은행권 대출 중 금리는 높고 만기는 짧은 신용대출이 늘고 있어 원리금상환부담이 가중되고 있다.

세 번째는 주택담보대출의 구조가 경기변동과 같은 외부충격에 취약한 변동금리·일시상환대출의 비중이 높다는 점이다. 가계대출의 54%를 차지하는 주택담보대출은 주로 만기일시상환[2] 또는 거치식 분할상환 조건이다. 이로 인해 주택담보대출 중 73.2% (은행권 기준)가 원금상환 없이 이자만 내고 있다.

만기일시상환 또는 거치식 주택담보대출의 경우 만기 또는 거치기간 종료시 상환부담이 급격히 증가하는 상환충격(Payment Shock)이 발생하게 된다. 이때 대출금 상환자금을 마련하지 못한 차입자들은 담보주택을 팔아 대출금을 상환해야만 하는 상황에 처한다.

---

[2] 만기에 대출금을 일시에 상환하는 대출로 대출기간이 상대적으로 단기(3~5년)이나 통상 만기가 되면 재대출해 주는 방식으로 만기를 연장시켜 왔음

이럴 경우 주택 매물이 급증하게 되고 주택가격이 하락하게 되며, 주택가격의 하락은 다시 금융회사의 채권회수능력 저하로 이어져 금융부실을 확대시키는 요인으로 작용하게 된다.

이는 금융회사의 대출여력을 위축시켜 주택 구입 수요를 감소시킴으로써 자산가격을 하락시키는 악순환을 일으켜 궁극적으로는 시스템리스크로 이어질 가능성이 높다.

네 번째는 주택담보대출의 담보가치가 하락함에 따라 LTV비율[3]이 상승하고 있다는 점이다. 최근 전국 주택매매가격은 수도권의 주택가격 하락 등으로 상승세가 둔화되고 있다. 2012년 들어 지방의 주택매매가격 상승세도 둔화되어 7월 이후 전국 주택매매가격은 5개월 연속 하락세를 보이고 있다.

이에 따라 2012년 9월말 기준 금융회사 평균 LTV비율은 50.2%로 2008년 이후 지속적으로 상승하고 있다. 특히 최근 주택가격 하락이 지속되고 있는 수도권 일부지역(파주, 김포, 일산, 인천 등)의 경우 다른 지역에 비해 LTV비율이 높은 수준이다.

마지막으로 자영업자 대출의 부실화 가능성이 커지고 다중채무자의 질적 수준이 악화되고 있다는 점이다. 자영업자 대출은 경기상황 및 부동산 가격 변동에 취약한 부동산 임대업, 도·소매업, 숙박·음식점업 등에 편중되어 있어 대내외 충격발생시 채무불이행 위험이 급증할 우려가 있다.

---

3 LTV비율(Loan to Value ratio) : 담보가치(주택가격) 대비 대출 금액의 비율로 정의하며 주택담보대출시 담보가치 대비 최대 대출가능 한도를 의미(예를 들어 주택가격이 5억 원이고 LTV비율이 60%라면 최대 3억 원까지 대출이 가능)

또한 다중채무자는 비(非)다중채무자에 비해 부채규모가 크고 신용등급이 낮은 편으로 경제여건 악화시 부실화 위험이 상대적으로 높다. 전체 가계대출 중 다중채무자의 대출 비중은 2011년 말 이후 소폭 감소하였다. 하지만 상대적으로 고금리인 저축은행과 같은 비은행권의 비중이 지속적으로 증가한 것으로 나타나 대출자의 상환부담이 가중되고 있는 것으로 판단된다.

이처럼 가계의 부채상환능력 저하, 취약한 대출구조, 다중채무 문제 등 가계부채 잠재 위험요인을 개선하지 않을 경우 향후 우리경제·금융시장에 불안요인으로 작용할 가능성이 있다.

가계부채
연착륙을 위한 해법

Q 가계부채의 연착륙을 유도하기 위해 금융감독당국은 어떤 조치들을 취하고 있는지?

금융감독당국에서는 대내외 불확실성 증대에 대응하여 금융시스템의 안정성을 지키기 위한 정책대안을 마련하고 이행해 왔다. 특히 국내 경제의 잠재적 리스크요인으로 부각되는 가계부채 문제 해결을 위해 선제적으로 대응에 나서고 있다.

가계부채 연착륙 종합대책
- 금융회사(은행, 상호금융, 여신전문 금융회사)의 과도한 대출증가 유인차단, 신중한 가계대출 취급관행 유도
- 고정금리·비거치식 대출 활성화
- 가계대출 소비자 보호장치 강화

제2금융권 보완대책
- 제2금융권(상호금융, 보험사) 가계대출 증가속도 관리
- 서민우대금융 지원 강화

1. 가계대출의 안정적 관리
2. 주택담보대출 구조개선
3. 금융소비자 보호업무 강화
4. 서민금융기반강화

먼저 가계부채의 안정적 관리와 대출구조의 개선을 추진하였다. '가계부채 연착륙 종합대책(2011년 6월)'을 통해 금융회사들이 과도하게 대출을 확대하는 유인을 차단하고 고정금리·비거치식 대출의 활성화를 유도하였으며, 가계대출 소비자보호 업무 가이드라인 등을 마련하였다. 또한 '제2금융권 보완대책(2012년 2월)'을 통해 제2금융권의 가계대출 증가를 주도하는 상호금융과 보험사의 가계대출 증가속도를 적정한 수준으로 관리함으로써 가계대출의 건전화를 도모하였다.

이와 함께 서민금융을 지원하기 위한 노력을 지속적으로 추진하고 있다. 금융회사들이 주택담보대출의 무리한 상환요구를 자제하도록 하는 한편, 2012년 8월에는 주택담보대출을 장기분할 상환방식으로 전환하도록 유도하였다. 또한 2012년 9월에는 실수요자 차원에서 DTI비율[1] 규제의 불합리한 부분도 보완하였다.

또한 부실이 우려되는 가계에 대해서는 은행의 자체적인 채무조정 프로그램을 통해 만기연장과 대출조건을 변경하도록 하였고(2012년 8월), 신용대출 위주로 이루어지고 있는 프리워크아웃 제도[2]를 주택담보대출에도 확대 적용하였다(2012년 12월).

---

1 DTI비율(Debt to Income ratio) : 총소득에서 부채의 연간 원리금(원금+이자) 상환액이 차지하는 비율. 소득에 비해 상환액이 과도하게 많아지지 않도록 일정 DTI비율을 초과하는 대출을 하지 못하도록 규제(예를 들어 연간소득이 5,000만 원이고 DTI가 40%라면 총부채의 연간 원리금상환액이 2,000만 원을 초과하지 않은 대출이 가능)

2 프리워크아웃 제도 : 단기연체자(1~3개월 미만)를 대상으로 이자 감면, 장기 분할 상환으로 전환 등의 채무재조정을 통해 상환부담을 완화해주는 제도

서민들의 금융부담 완화 대책

Q 가계부채 문제를 금융시스템의 안정성 측면에서 다루다 보면 대출이 제한되어 서민, 특히 취약계층은 금융회사로부터 필요한 자금을 얻기가 어려울 것 같은데, 이에 대한 대책은?

금융감독당국은 가계부채 문제에 선제적으로 대응해 나가는 과정에서 서민가계에 부담이 가중되지 않도록 서민금융 기반을 강화하고 있다.

먼저 2011년 4월 '서민금융 기반강화 종합대책', 2011년 6월 '가계부채 연착륙 종합대책'을 마련하여 미소금융·햇살론·새희망홀씨 등의 자금지원기준을 개선하고, 지원 대상 범위를 확대하여 서민금융 공급을 늘렸다.

금리·수수료 인하 등 서민들의 금융이용부담을 완화하고, 전통시장·영세 자영업자들의 카드수수료 상한을 대형마트·백화점 수준으로 인하하였다. 또한 대부업체의 고금리 대출 피해 방지를 위하여 49%의 기존 최고 금리를 2010년 7월 연 44%로 인하한 데 이어 2011년 6월에는 연 39%로 추가적으로 인하하였다.

서민금융지원 5대 중점과제를 적극적으로 실행

이와 함께 저신용·저소득층의 대출만기 연장과 금리부담 경감을 위해 '서민금융지원 5대 중점과제'를 적극 추진하였다.

햇살론 안내 홈페이지(www.sunshineloan.or.kr)   새희망홀씨 상담현장

첫째, 은행권 자율 프리워크아웃 제도를 활성화하였다. 부실우려 차입자 및 3개월 이내 연체차입자를 대상으로 은행 프리워크아웃 가이드라인을 마련하였다. 은행은 이 가이드라인을 토대로 별도의 상품을 출시하거나 기존의 채무조정 프로그램을 보완하여 시행하고 있다.

또한 신용대출 위주로 이루어지고 있는 프리워크아웃 제도를 주택담보대출에도 확대 적용하도록 유도하였다. 주택담보대출 프리워크아웃은 채권보전에 문제가 없는 경우 만기연장을 통하여 무리한 상환요구 등을 자제하도록 하고, LTV비율 초과분에 대해 가능한 경우 장기분할상환방식의 대출로 전환함으로써 차입자의 상환부담이 완화될 수 있도록 하였다.

둘째, 은행권으로 하여금 새희망홀씨 대출과 함께 서민을 위한 10%대 금리의 서민금융상품을 출시하도록 하였다. 이를 통하여 저신용·저소득계층 또는 기존 대출 한도가 소진된 고객이 비은행권 및 대부업 등을 이용함으로써 발생할 수 있는 과도한 이자와 상환부담에서 벗어날 수 있도록 지원하였다.

셋째, 서민들의 금융접근성을 제고하기 위하여 은행 영업점에 서민금융 거점점포와 전담창구를 마련하였다. 이를 통하여 대출상담은 물론 각종 금융상담·교육을 병행함으로써 금융취약 계층의 편의성을 제고하였다.

넷째, 저신용자 맞춤형 신용체계를 구축하였다. 서민금융기관 이용자들의 신용등급이 7등급 이하에 집중되어 있다는 점을 감안하여 저신용층 고객을 세분화하여 채무상환능력을 정교하게 측정하기 위한 서브프라임 신용평가모형을 개발하였다.

금융회사가 이 모형을 활용하여 서민 대출상품 개발, 프리워크아웃 및 서민 정책금융 대상자 선정 등에 활용할 수 있게 하고, 저신용층 내에서 상대적으로 우량한 고객은 기존 보다 낮은 금리의 대출을 받을 수 있게 되었다.

마지막으로 서민금융지원활동 평가모형을 도입하여 금융회사가 서민금융지원에 보다 적극 나서도록 독려하였다.

하우스푸어,
가계부채의 또 다른 양상

Q 최근에는 깡통주택, 하우스푸어와 같이 가계부채와 관련된 신조어가 생겼다. 하우스푸어에 대한 개념은 무엇이고 이 문제는 어떻게 풀어야 하는지? 그리고 일차적 책임자인 가계도 경각심을 가지도록 하는 것이 필요하다고 생각되는데?

하우스푸어(House Poor)의 개념에 대해 구체적으로 정립된 것은 없으나, 일반적으로 '주택을 보유한 가구 중 소득 대비 과도한 부채를 보유하여 생계에 곤란을 겪는 가구'를 의미한다고 할 수 있다. 깡통주택은 담보물로 제공한 주택의 가치가 대출금액보다 낮게 형성되고 있는 것을 의미한다.

주요 경제연구소별 하우스푸어 규모와 산정기준

기관명	규모	산정기준
현대경제연구원	108만~157만 가구	- (광의) 부채를 안고 산 주택 보유자 중 원리금 상환으로 생계에 부담을 느껴 가계지출을 줄이는 가구 - (협의) 1주택자 중 부채를 안고 집을 사서 생계에 부담을 느껴 가계지출을 줄이면서 가처분 소득대비 원리금비중이 20% 이상인 가구
KB금융지주 경영연구소	7만 가구	총자산이 총부채보다 많지만 현재 소득으로는 원금과 이자상환이 불가능한 가구
금융연구원	57만 가구(고위험) 10만 가구	- 소득대비 원리금 상환비율이 60%가 넘는 가구 - (고위험) 위 조건에 해당하는 가구 중 집과 금융자산으로도 빚을 갚을 수 없는 가구

수도권 아파트 매매가격 지수

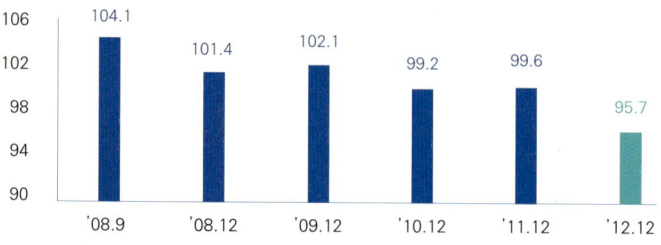

자료: KB국민은행

하우스푸어의 일차적인 책임은 당연히 투자한 개인에게 있는 만큼 금융회사 혹은 정부차원의 지원 정책은 자칫 도덕적 해이를 초래하고 금융회사의 건전성을 저해할 수 있다. 하지만 경기침체 지속, 부동산 가격 하락 등으로 서민경제도 어려움에 처해 있는 상황에서 하우스푸어 문제를 개인의 문제로 치부하는 것은 바람직하지 않다.

자칫 매물 급증으로 인한 부동산 침체 가속화로 차입자뿐만 아니라 금융회사까지도 부실화 된다면 우리 경제 전반에 걸쳐 리스크 요인으로 작용할 수 있다. 특히 최근에는 베이비붐 세대의 본격적인 은퇴로 고령층을 중심으로 하우스푸어가 양산될 수 있다는 우려도 제기되고 있는 실정이다.

연령대별 부동산 자산 비중

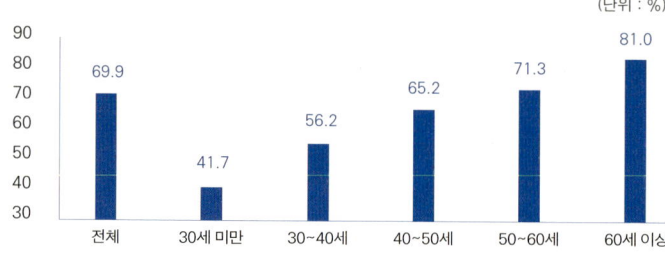

자료: 2012년 가계금융, 복지조사

따라서 하우스푸어 문제는 경제 전반의 시스템과 연계하여 접근할 필요가 있다. 정부와 금융감독당국은 부동산 시장의 안정과 거래 활성화를 위한 노력을 하고 있다. 하우스푸어의 부담 완화를 위해 주택담보대출 프리워크아웃과 담보물 매매중개 지원제도 등을 함께 마련하고 있다.

가계는 대출을 통해 마련한 자금을 바탕으로 주택을 매매하여 이익을 남길수 있다는 과거 고도성장기의 의식과 행태를 버려야 한다. 우리나라도 다른 선진국의 경우처럼 저금리, 저성장, 고령화시대로 진행되고 있기 때문에 주택가격 상승을 기대하기가 점차 어려워지고 있기 때문이다. 미래 환경변화에 맞는 합리적인 가계 소비와 투자가 필요한 상황이다.

일자리 창출에서 찾아보는
가계부채 해법

Q 가계부채 문제의 해법이 단지 금융 부문에만 있지는 않을 텐데, 가계부채 문제를 해결하기 위한 궁극적인 대책은 무엇인지?

'캠퍼스 금융토크'를 진행하면서 대학생들과 소통해 보니 대학생들의 최대 관심사는 역시 취업이었다. 학생들은 한결같이 정부, 공기업, 대기업 또는 금융회사 같이 안정적인 직장을 선호하고 있다. 이러다 보니 청년들은 취업이 힘들다고 하는데 정작 중소기업에선 사람을 구하기가 힘들다고들 한다.

하지만 좋은 일자리는 갈수록 찾기 힘들어 지고 있다. 예를 들어 자산 100억 원 이상의 외부감사 대상법인 5곳 중 1곳이 최근 3년 동안 영업이익으로 이자도 못 갚을 정도라고 한다. 이러니 청년들이 곧 문을 닫을지도 모를 기업에 취직을 꺼리는 건 어쩌면 당연할 것이다.

전체 취업자의 28%(OECD국가 평균 16%)나 되는 자영업도 사정은 별반 다르지 않다. 최근 실업이나 취업난으로 소매업이나 음식업 같은 소자본 생계형 창업이 줄을 이었다.

주요국의 자영업자 비중

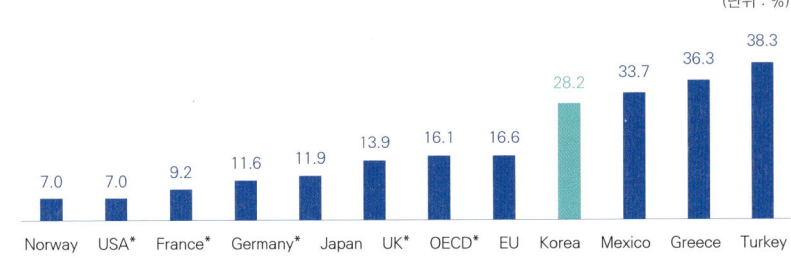

1: 비임금근로자(자영업자+무급가족종사자)기준   2: 2011년 기준(*는 2010년 기준)
자료: OECD

그러나 이들이 처한 현실은 팍팍하기만 하다. 월 100만 원도 못 버는 자영업자가 170만 명에 이르고, 3년을 버티는 자영업자가 절반도 되지 않는다는 조사결과도 있다. 그런데도 향후 3년간 베이비붐 세대 은퇴자 약 150만 명이 새로 생겨날 것이라고 하니 자영업자의 수익성은 더욱 악화될 것이 분명하다.

자영업자의 재무건전성 현황

(단위 : %)

구분	자영업자	상용임금근로자
금융부채/금융자산	100.7	56.9
금융부채/소득	164.0	94.0
평균 DTI	23.8	16.8

자료 : 금융부채 보유가구 기준(2012년 가계금융 · 복지조사)

금융감독당국이 일자리 창출 문제에 관심을 기울이는 것은 가계부채 문제의 근본적 해법을 여기서 찾을 수 있기 때문이다. 예를 들어 양질의 일자리를 많이 창출하여 가계 소득을 안정적으로 증대시킬 수 있다면 가계부채 문제를 연착륙시킬 수 있을 것이다. 가계부채는 외환위기 이후 급증하였다.

물론 그 동안 금리가 낮아지고 금융회사의 영업 전략에 따라 가계대출을 받기 쉬워진 이유도 있지만, 가계대출이 고용상황과 밀접하게 연관되어 있음을 간과해서는 안 될 것이다.

우리나라는 실업자에 대한 사회안전망이 취약하여, 직장에서 밀려난 사람들이 대부분 생계형 자영업에 진출하고 있다. 창업 또는 생계자금을 마련하려고 이들이 쉽게 의존한 것이 바로 가계대출이었다. 또한 공식적인 실업률은 통계상으로 3% 전후에서 줄곧 머물렀지만, 그 이면에 '고용의 질'은 지속적으로 악화되어 왔다.

작지만 강한 강소기업 육성이 필요한 시점

따라서 가계부채 문제의 해결을 위해서는 정부가 양질의 일자리 창출에 적극 나서야 할 것이다. 우선 규제 완화와 각종 인센티브제의 도입을 통하여 작지만 강한 경쟁력을 갖춘 '강소기업'을 육성해야 한다.

같은 서비스업이라도 생계형 자영업이 아니라 컨설팅, 엔터테인먼트, 스포츠마케팅, 관광·의료와 같이 고용창출 효과와 부가가치가 높은 업종의 창업을 지원해야 한다. 차세대 성장 동력의 발굴을 위해 창업지원 전문회사와 벤처기업 양성에 금융권이 힘을 모아야 할 것이다.

다른 한편으로는 경쟁력을 상실한 중소기업과 자영업에 대한 구조조정도 함께 추진해야 한다. 새 살을 돋게 하려면 썩은 살은 도려내야 하는 법이다. 그 동안 대출로 겨우 연명해 온 한계기업들을 정리해 그 인력과 재원을 보다 생산성 높은 부문으로 돌려 경제 전체의 활력을 찾아야 한다.

단기적으로는 이 과정에서 일자리가 다소 줄어들 수도 있다. 따라서 정부는 고통을 분담할 사회적 합의를 이끌어내고 일시적 낙오자들을 위한 사회안전망 확충에도 힘써야 할 것이다.

글로벌 금융위기 이후 일부 선진국은 가계 부채를 줄여가는 과정에서 고통을 겪고 있다. 우리나라도 가계부채 축소 과정에서 유사한 현상이 나타날 수 있으므로 ①청년들 눈높이에 맞는 양질의 일자리 창출, ②경쟁력 없는 업종의 정리, ③사회안전망의 충실화를 조속히 추진할 필요가 있다. 이 세 가지가 선순환을 이룬다면, 우리경제는 '건강한 경제생태계'를 만들 수 있고, 나아가 지속가능한 성장의 토대를 구축할 수 있을 것이다.

창조경제의 주역, 중소기업
경쟁력 강화를 위한 금융의 역할

Q 최근 '경제민주화' 차원에서 중소기업을 적극적으로 육성해야 한다는 목소리가 커지고 있다. 현재 우리나라 중소기업들의 상황과 중소기업을 우리 경제의 주역으로 만들기 위해 금융 측면에서는 어떤 노력을 해야 하는지?

중소기업이 국내 경제에서 차지하는 위상을 살펴보면 사업체수를 기준으로 할 때 99.9%, 고용을 기준으로 하면 86.8%를 차지하고 있으며 국내총생산의 47%, 수출의 18%를 담당하고 있다. 또한 중소기업들은 지역 대표기업으로서 해당 지역 경제에서 핵심역할을 담당하고 있다.

국내 중소기업 비중

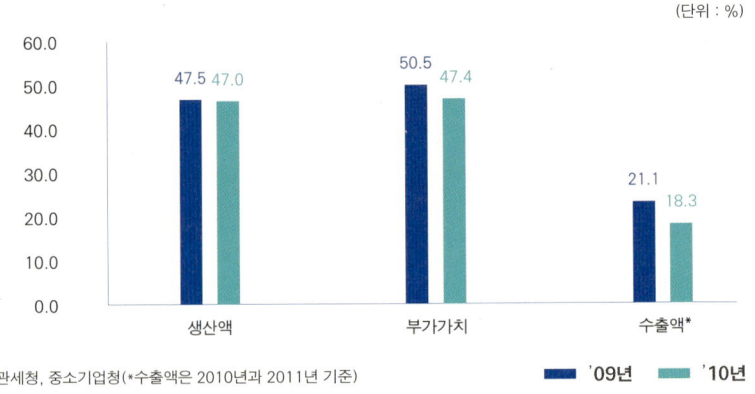

자료: 관세청, 중소기업청(*수출액은 2010년과 2011년 기준)

이러한 중요성에도 불구하고 최근 글로벌 경기침체가 지속되면서 우리 경제의 버팀목이 되어야 할 중소기업들이 업황 부진[1]으로 매출이 감소하고 수익성도 하락하는 어려움을 겪고 있다.

특히 중소기업들의 자금사정이 점점 더 어려워지면서 '돈맥경화 현상'도 나타나고 있다. 투자자들이 안전자산을 선호하면서 중소기업들이 주식이나 회사채 발행을 통해 자금을 조달하는 것이 어려워지고 있다. 그리고 은행들이 리스크관리를 강화하면서 중소기업 대출의 증가세가 점차 둔화되고 있다. 그만큼 중소기업들이 은행에서 대출 받기가 예년에 비해 어려워지고 있는 실정이다.

은행권의 중소기업 자금공급 증감 추이

(단위 : 조 원)

	'08년	'09년	'10년	'11년	'12년 1분기(A)	'13년 1분기(B)	증감 (B-A)	'13.3말 대출잔액
중소기업 자금공급	52.3	21.2	△2.4	27.0	29.3	9.2	10.9	1.7	
개인사업자 대출	6.7	9.1	5.3	12.8	15.1	2.9	3.1	0.2	469.6
중소법인 대출	45.6	12.1	△7.7	14.2	14.2	6.3	7.8	1.5	

1 중소제조업 BSI(한국은행) : 98(2010년 6월) → 91(2010년 12월) → 79(2011년12월) → 63(2012년 12월)
* 기업경기실사지수(BSI: Business Survey Index) 기업체가 느끼는 체감경기를 나타내며 100을 기준으로 이보다 낮으면 경기악화를 예상하는 기업이 호전될 것으로 보는 기업보다 많음을 의미하고 100보다 높으면 경기호전을 예상하는 기업이 더 많다는 것을 의미

하지만 중소기업이 우리나라 경제의 중요한 부분을 차지하고 있는 만큼 이들의 경쟁력 강화를 위하여 각종 지원제도를 적극적으로 추진할 필요성이 높아지고 있다. 우선 은행들이 나서 단기적인 이익보다는 장기적인 안목에서 중소기업에 대한 자금공급을 확대해야 한다.

취약 중소기업에 대한 금융지원을 강화하기 위해 외상매출채권담보대출 제도의 개선을 추진하고 동산담보대출·상생보증부대출 등을 활성화할 필요가 있다.

또한 사업성은 있으나 자금사정이 어려운 영세 중소기업에 대해서는 보증기관의 보증서 발급 활성화를 유도하는 한편 One-Point 금융컨설팅을 제공해야 할 것이다.

마지막으로 가장 중요한 것은 '강소기업' 육성을 위한 건전한 생태계를 조성하는 것이다. 독일이 세계 제일의 경제 강국으로 성장한 원동력은 세계시장을 선도하는 강소기업, 즉 '히든 챔피언'들이 있었기 때문이다.

독일의 강소기업들은 끊임없는 연구·투자, 안정적인 노사관계뿐만 아니라, 전문기술 중심의 직업 훈련 시스템과 정부의 적극적인 중소기업 지원정책이 조화를 이루는 환경 속에서 성장하였다. 우리나라도 중소기업에 적합한 효율적이고 건전한 금융생태계를 조성하여 중소기업의 경쟁력이 강화될 수 있도록 적극 노력해야 할 것이다.

조준희 기업은행장의 중소기업 방문 현장

군산산업단지내 중소기업과 간담회를 하고 있는
최수현 금융감독원장

따뜻한 금융,
상생하는 금융,
소비자 중심의 금융

캠 퍼 스
금 융 토 크
3 6 5

2011년 9월 미국 뉴욕 맨해튼에서 '월가를 점령하라'는 시위가 시작되었다. 월가의 탐욕과 경제적 양극화에 항의하는 반(反)월가 시위는 일파만파로 퍼져 전세계적으로 확산되었다.

경기 상황이 좋을 때는 서민을 상대로 한 영업에서 손쉽게 이익을 얻고 경제 위기시에는 국민의 세금으로 연명하는 월가의 탐욕에 대한 항의였다.

그 시작은 금융위기를 초래하여 파산 직전에 몰린 미국의 거대 금융회사들의 임직원들이 국민의 혈세를 지원받아 정상화되었다고 거액의 퇴직금을 챙기는 탐욕과 무책임에 대한 비판이었다. 하지만 이 불만은 상위 1%의 부유층이 전체 부의 50%를 차지하는 경제적 불평등, 양극화 심화에 대한 비판으로 확대되었다.

반 월가 시위는 금융의 사회적 책임을 강조하고 금융소비자의 권리를 강화하는 방향으로 금융패러다임에 일대 변화를 가져오고 있다.

우리나라에서도 예외는 아니다. 금융권의 높은 수수료를 포함해 '비오는 날 우산 빼앗기' 영업행태에 대한 비난이 제기되는 상황이다.

늘어가는 가계부채와 금리 인상으로 대출금 상환 부담이 늘어나는 가운데 대출이 막힌 서민들은 고금리의 제2금융권으로 발길을 돌려 불법사금융의 덫에 빠져들고 있는 안타까운 실정이다.

금융권은 매년 수십조 원의 이익을 거두고 있지만 사회공헌에 대한 기여는 매우 인색하다.

과연 '금융의 정의'는 무엇인가? 이제 경제적, 사회적 양극화 문제를 해소하고 금융위기의 재발을 방지하기 위해서 '금융의 정의', 그것을 고민해봐야 할 때다.

우리나라 금융회사는 중소서민들이 키워왔다. 예금으로, 금 모으기로 살려주었다. 지금 중소서민들이 죽어가고 있는데 이들이 없으면 금융회사도 생존할 수 없을 것이다.

우리가 금융의 사회적 책임을 이야기하는 이유

세계 금융의 심장, 월가(Wall Street)를 향한 분노

Q 글로벌 금융위기의 진앙지 월가(Wall Street)에서는 시위가 한창이다. '월가를 점령하라'의 반(反)월가 시위의 배경은 무엇인가? 그리고 우리나라에 미친 영향이 어떤가?

2011년 늦은 가을은 캠퍼스 금융토크가 이화여대에서 첫걸음을 뗀 시기였다. 우리나라와 정반대에 있는 미국 뉴욕에서는 사회적 불만이 분출되는 시기이기도 했다.

'Occupy Wall Street!' (월가를 점령하라)는 금융의 탐욕에 대한 비판이다. 이와 같은 반 월가 시위는 금융위기를 초래하고도 거액의 퇴직금을 챙긴 월가 금융회사 CEO와 임직원들의 탐욕과 무책임, 그리고 상위 1% 부유층이 전체 부의 50%를 차지하는 경제적 불평등이 크게 문제가 되었기 때문에 발생한 것이다.

2011년 9월 미국 뉴욕 맨허튼에서 시작된 반(反)월가 시위는 전 세계적으로 확산되었음

미국 월가 점령지지 피켓

뉴욕에서 시작된 시위는 미국 전역으로 번져나갔고, 2011년 10월을 전후하여 우리나라를 비롯한 82개국, 900여 개 도시에서 유사한 형태의 시위가 동시다발적으로 발생하는 등 전 세계로 파급되었다.

그러나 우리나라의 경우에는 미국 등 선진국과 같이 심각한 상황은 아니었다. 글로벌 금융위기 당시 정부는 금융회사를 지원하면서 임금삭감 및 동결 조치를 취하고, 아울러 금융회사의 사회 공헌활동 강화 정책과 새희망홀씨와 같은 서민금융지원 방안을 빠르게 제시하였다. 결과적으로 우리나라에서는 월가처럼 금융권의 탐욕이라고 할 만한 상황이 나타나지 않은 것은 사실이다.

그렇다고 해서 우리 금융권이 사회적 책임 측면에서 그 역할을 다했다고 볼 수는 없다. 우리나라 역시 금융위기 극복과정에서 경제양극화가 심화되고 빈곤계층의 상대적 박탈감이 커져가는 상황은 그들과 다르지 않기 때문이다.

은행권의 지난 2011년 당기순이익은 12조 원이었다. 반면 우리나라 국민 대다수는 사회적으로나 경제적으로 만족하고 있지 못하다. 어느 설문조사 결과, 자신이 중산층이라고 답변한 국민의 비중이 계속 줄고 있다고 나타났다. 금융위기 극복과정에서 경제 양극화가 심화되어 중산층이 무너지고 있는 것이다.

빈곤층이 되어가고 있는 중산층, 서민과 취약계층에서 '금융이 너무 이익 창출에만 몰두 하고 있는 것 아닌가?' 하는 생각을 갖게 되는 것도 무리는 아닐 것이다.

우리나라 금융소외의 현실

Q 요즘 들어 자신이 중산층이라고 생각하는 국민이 많이 줄어들었다고 한다. 우리나라 소외계층의 상황은 어떤지?

양극화 심화는 전 세계적인 현상이다. 특히 경제성장 과정에서 소외 계층이 확대 재생산되는 '소외적 성장'과 '소외적 금융'의 문제점이 속속 드러나고 있다. 취약계층이 제도권 금융서비스에 접근하는 것은 점점 더 어려워지고 있다.

우리나라도 예외는 아니다. 스스로 '중산층'이라고 생각하는 사람은 46.4%로 통계청의 2011년 전체가구 가처분소득 기준 중산층 비율(64%)에 크게 못 미치며, '계층이 하락했다'고 생각한다는 사람도 19.1%에 달했다.[1]

또한 적자가구 비중이 2009년 이후 상승세를 보이고 있다. 2012년 1분기 중 하위 20%에 해당하는 소득 1분위 가구의 월평균소득은 121만 원으로 월평균지출 156만 원에도 못 미치고 있다.

소득 5분위별 적자가구 비중

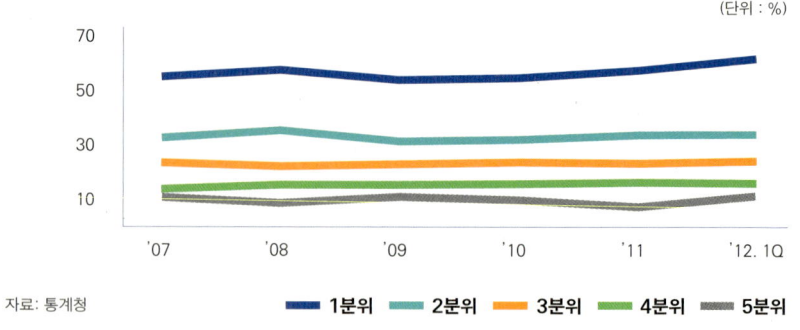

자료: 통계청

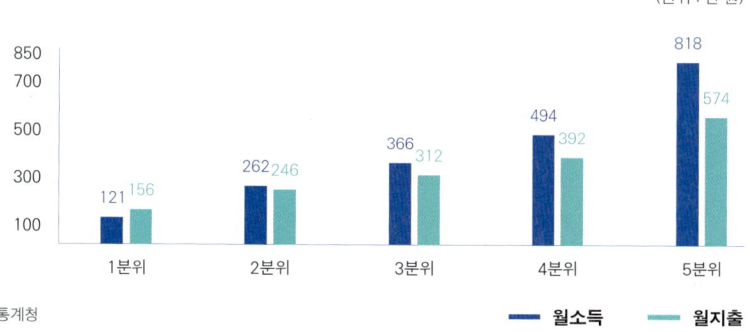

소득 5분위별 월평균 가계소득 및 지출(2012년 1분기)

고용의 질도 악화되어 월 소득이 100만 원에도 미치지 못하는 생계형 자영업자는 170만 명이나 된다. 2012년 6월말 현재 우리나라 전체 취업자 2,512만 명 중 자영업자 비중은 23.2%(584만 명) 수준이다. 외국[2]에 비해 자영업자 비중이 너무 높다. 자영업자간 경쟁이 매우 치열한 상태에 있다고 볼 수 있다. 근로조건이 상대적으로 취약한 비정규직 근로자도 2009년 이후 꾸준히 증가하고 있다. 이들의 2012년 1분기 월평균 임금은 143만 원으로 정규직 임금 245만 원의 58.4% 수준에 불과하다.

은행에서 정상 금리로 돈을 빌리기 어려운 신용등급 7등급 이하의 저신용층이 500만 명에 이르고 있다. 이들 저신용자는 은행을 이용할 수 없어 20~30%의 고금리로 제2금융권과 사금융을 이용하는 실정이고, 이로 인한 고금리 사금융 피해도 급증하고 있다.

---

[1] 현대경제연구원 경제주평 12-30 (통권 제501호), 2012년 8월 17일

[2] 주요국 자영업자 비중(2010년) : 일본 12.3%, 독일 11.6%, 미국 7.0%, OECD 평균 16.8%

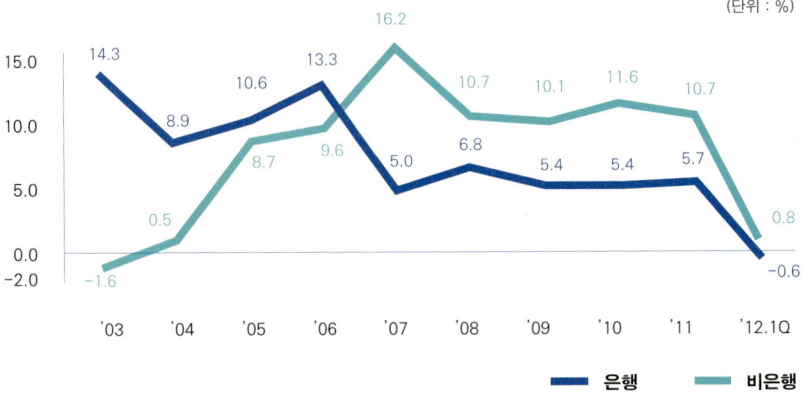

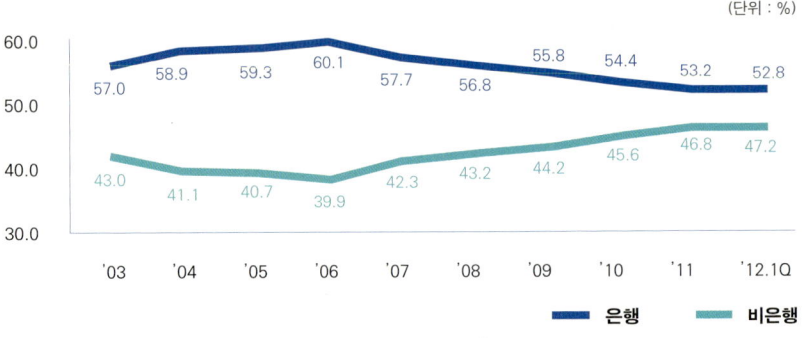

 더욱이 경기침체로 빚을 갚지 못하는 채무불이행자도 증가하고 있다. 법원에 개인회생을 신청한 숫자도 2012년 들어 55% 이상 급증하였다. 특히 저축은행과 대부업체로부터 고금리 학자금대출을 받은 대학생이 12만여 명, 대출금액은 4,000억 원에 달하고 있어 장차 사회초년생들이 신용유의자로 전락할 우려도 있다. 이것이 소외계층의 금융 현실이다.

금융의 사회적 책임을 생각하다

Q 소외계층의 어려운 금융현실 극복을 위하여 우리 사회는 어떻게 대처해야 하는지?

미국 금융권은 반(反)월가 시위에 대한 반성과 '살찐 고양이'라는 불명예스러운 이미지 쇄신을 위해 기부와 후원, 고용 캠페인 등에 앞장서는 등 변화를 꾀하고 있다. 글로벌 금융위기와 월가시위를 계기로 글로벌 금융 패러다임이 탐욕을 억제하고 금융의 사회적 책임을 강화하는 방향으로 변화하고 있는 것이다.

국내 금융산업도 탐욕을 억제하고 사회적 책임을 강화하는 방향으로 경영 혁신을 주도해 나가야할 시기라고 생각한다. 금융회사들이 서민과 상생한다는 관점에서 가계와 중소기업의 금융애로와 부담을 완화하는 등 사회적 책임을 적극 이행하는 것이 시대적 소명이라고 할 수 있다.

우리나라의 경우 경제 양극화 현상이 심화되면서 서민계층은 어려운 상황에 직면하고 있다. 하지만 사회적 책임 이행에 대한 금융권의 인식이나 실적은 여전히 기대에 미치지 못하는 것이 사실이다.

금융산업에 있어 고객은 중요한 자산이며, 장기적인 관점에서 고객과 함께 하고, 고객을 키우는 사회적 책임 이행은 선택이 아니라 지속적인 성장을 위한 필수요소이다.

이런 인식을 금융계 모두가 공감하고, 금융소비자 보호장치 강화, 중소기업·서민에 대한 금융지원 확대, 불합리한 금융관행 개선 등을 통해 금융의 신뢰성·공공성을 회복시켜야 한다.

서민금융은 일반적인 경제 원리로 접근하기 보다는 사회적 가치를 함께 고려하는 인식의 전환이 있을 때 바람직한 해법을 찾을 수 있다. '빨리 가려면 혼자 가고 멀리 가려면 함께 가라'는 말처럼 지금까지의 낡은 관행에서 벗어나 모두가 상생하고 지속가능한 성장해법을 찾아야 한다.

현명한 금융생활 안내 팜플렛 표지 　　　서민금융지원제도 안내 책자 표지

금융소외계층과 상생하는 금융

금융소외계층 포용을 위한 정부와 금융권의 노력

Q 저신용자, 채무불이행자 등 금융소외계층의 심각성을 인지한 정부나 금융감독당국은 문제 해결을 위해 어떤 조치를 취해 왔는지?

우리 정부와 금융감독당국이 가만히 손을 놓고 있지는 않았다. 금융감독당국과 금융회사들은 새희망홀씨, 햇살론, 미소금융, 바꿔드림론 등 서민금융지원 프로그램을 함께 추진하고 있다. 이들 4대 서민금융상품을 통해 2012년 말까지 126만여 명에게 약 11조 원을 지원하였다. 특히 고금리 대출을 이용하는 대학생들이 저금리 대출로 갈아탈 수 있도록 조치하였다.

주요 서민금융 지원대책

- **2008년 9월 신용회복기금 설립**
  - 연체채권 매입을 통한 채무조정(신용회복) 지원 및 고금리 채무의 저금리 전환대출(바꿔드림론) 출시
- **2009년 3월 새희망홀씨(저신용자, 저소득자 대상 은행 서민대출상품) 출시**
  - 2010년 11월 대상자를 신용 7등급 이하에서 5등급 이하로 확대(새희망홀씨)
- **2009년 12월 미소금융 출시**
  - 2008년 3월 설립한 휴면예금관리재단을 확대·개편하여 창업·운영자금을 지원

- 2010년 7월 햇살론 출시
  - 민간(상호금융 40, 저축은행 10)과 정부가 50:50으로 보증재원을 출연하여 서민금융기관이 저리의 보증부 대출 제공
- 2010년 7월 대부업 최고이자율 인하 : 49% → 44%
- 2011년 6월 대부업 최고이자율 인하 : 44% → 39%
- 2012년 4월 불법사금융 피해신고센터 설치·운영 개시
- 2012년 7월 햇살론, 새희망홀씨, 미소금융 확대(연 3조 원 → 4조 원) 발표

4대 서민금융상품 개요

구분	새희망홀씨	미소금융	햇살론	바꿔드림론
대상자	- 연소득 3천만원 이하 - 5~10등급인 경우 연소득 4천만원 이하도 가능	- 신용등급 7등급이하 등	- 연소득 4천만원 이하 & 신용등급 6~10등급 및 차상위 계층 등	- 6~10등급, (특수채무자나 저소득자는 신용등급 무관) & 연소득 4천만원 이하
용도 (대출한도)	- 생계자금 및 사업운영자금 (최대 2천만원)	- 창업자금 (최대 7천만원) - 사업운영자금 (최대 2천 만원)	- 창업자금 (최대5천만원) - 사업운영자금 (최대2천만원) - 긴급생계자금 (최대 1천만원) - 전환대출 (최대3천만원)	- 6개월 전 약정한 연금리 20% 이상의 고금리 채무
금리	연 11~14%수준 (은행자율)	연 4.5% (무등록 자영업자의 경우)	연 8~11% (보증잔액의 1.0% 보증료 부담)	연 8.5~12.5% (신용평점에 따라 차등적용)
대출기간	1~5년 (만기일시상환 또는 분할상환)	3~5년 (6월~1년 거치, 원리금 균등분할 상환)	- 창업·사업운영자금 (1년거치 4년 이내 균등분할) - 생계자금·전환대출 (3~5년 균등분할)	최대 5년 이내 (원리금분할상환)

또한 제도권 금융회사의 금리·수수료 부과실태를 점검·개선함으로써 서민들이 금융비용을 연간 1조 원 이상 줄일 수 있게 만들었다.

2009년 11월부터 금융감독원은 서민들과 취약계층의 금융애로사항을 원스톱(One-Stop)으로 해소하기 위하여 '맞춤형 서민금융상담 행사'를 개최하고 있다. 서민들의 경제상황이 악화된 2012년에는 총 25회에 걸쳐 맞춤형 서민금융상담 행사를 개최하였다. 서울을 비롯한 대도시에서 '서민금융상담 大행사'를 개최하여 1,963명이 상담[1]을 받았다.

군부대, 다문화·외국인 근로자 밀집지역, 사회복지시설 등에서 금융교육 및 상담을 진행하여, 군인, 다문화가족, 외국인 근로자, 서민, 자영업자 등의 금융애로 및 고충을 종합적으로 상담하였다. 서민금융상담 행사에 참여한 은행이 현장에서 참석자를 상대로 신용조회 및 서류심사 등을 통해 직접 대출을 실행하기도 했다.

맞춤형 서민금융상담 행사 개최 현황

(단위 : 회, 명)

구분	지역	2009년	2010년	2011년	2012년	2013.3말	합계
회수	서울	1	1	8	10	3	23
	지방	0	4	9	15	9	37
	계	1	5	17	25	12	60
참석인원	서울	200	250	1,832	2,959	566	5,807
	지방	–	700	1,594	2,907	1,879	7,080
	계	200	950	3,426	5,866	2,445	12,887

---

[1] 서민금융상담 서울 大행사에는 980명의 서민들이 참석하여 17건, 11억 7,000만 원(건당 약 1,000만 원)의 서민금융 대출을 받았음

2012년 9월 11일 서울에서 개최된 서민금융상담大행사

서민금융상담大행사 금융감독원 상담부스

서민금융상담大행사 최수현 금융감독원장의 현장 상담

서민금융상담大행사 주택금융공사 상담부스

금융소외계층 포용을 위한 새로운 시각

Q 도덕적 해이(Moral Hazard), 금융회사의 건전성 악화와 같은 부작용이 일어날 것이라는 우려에도 불구하고 서민금융지원을 추진하는 이유는?

서민금융상품에는 대출받는 사람과 은행의 도덕적 해이라는 치명적인 약점이 있다. 또한 서민대출이 부실화되는 경우에는 이를 취급하는 은행의 경영건전성도 악화될 수 있다.

금융권 내에서 서민금융이 차지하는 비중을 감안하면 서민금융 문제는 개별 금융회사뿐만 아니라 금융시스템의 안정성과도 직결된다.

예를 들면 7등급 이하 취약계층에 대한 은행대출 규모는 약 50조 원으로 은행권 가계대출의 11.4%에 달하고, 비은행대출 규모는 88조 원으로 비은행 가계대출의 34.3%에 달한다. 만약 이런 대출이 적절한 대책 없이 급격히 부실화된다면 해당 금융회사의 건전성 악화는 물론이고 금융시스템 전반의 불안으로 이어질 수 있다.

'소외적 성장'에서 '포용적 동반성장'으로, '금융소외'에서 '금융포용'으로

그럼에도 불구하고 금융회사들은 포용적 동반성장(Inclusive Growth)이라는 보편적 가치를 위하여 서민금융지원에 적극적으로 나서야 한다. 금융포용(Financial Inclusion) 강화는 단지 우리나라만의 이야기가 아니다.

UN 사무총장은 2003년 12월 '금융소외계층을 돕기 위한 포용적 금융의 강화 필요성'을 제기했으며, 2005년 6월 UN은 〈포용적 금융에 관한 Blue Book〉을 발간하였다. 2010년 6월 G20는 '혁신적 금융포용 원칙'을 채택하였고, 이 원칙을 근거로 2010년 12월 '금융포용 국제협력체'를 발족하였다.

영국은 2004년 금융포용 강화를 정부 정책과제로 선정하고, 금융포용기금을 설립하여 운영하였다. 시민상담소(Citizen Advice Bureau)를 전국 약 3,500개 지역에 설치하여 저소득층 대상 상담서비스를 제공하였다. 한편 OECD에서도 금융교육을 통해 금융소외계층 포용을 강화하려는 연구가 진행되고 있다.

이는 '소외적 성장'에서 '포용적 동반성장'으로, '금융소외'에서 '금융포용'으로 변화하는 금융패러다임의 세계적인 추세를 보여주는 것이다. 2012년 10월 한국을 방문한 래리 서머스 전 미국 재무장관은 가계부채 문제 해결을 위해서는 대출을 급격히 줄이기보다는 적정한 규모의 대출 공급과 함께 재정·금리정책 등을 병행할 필요가 있다고 조언한 바 있다.

래리 서머스 전 장관의 제언처럼 새로운 일자리 창출과 서민의 주거비와 사교육비 부담 완화 등을 효율적인 정책 조합을 통하여 범정부 차원에서 추진하여야 한다. 아울러 서민에 대한 금융지원을 강화함으로써 한국식 '금융포용' 및 '포용적 동반성장'을 지향해 나갈 필요가 있다고 본다.

주요국 서민지원 관련 금융감독 현황

미국   미국은 은행의 지역사회 공헌을 유도하기 위하여 1977년 '지역사회재투자법(Community Re-investment Act)'을 제정·시행하고 있다.

이 법률을 근거로 미국 금융감독당국(FRB, FDIC, OCC, OTS)은 은행건전성 평가와는 별도로 CRA(지역사회재투자 활동)에 대한 검사를 실시, 자금의 지역 내 운용실적과 금융소외계층에 대한 금융지원 실적을 1~4등급*으로 평가한다. 인수·합병, 지점 설치·이전, 업무범위 확대 등 각종 인허가시 CRA 평가등급은 주요 심사요건으로 활용되며, 인센티브를 제공한다.

> * 우수(Outstanding), 양호(Satisfactory), 개선필요(Needs to improve), 실질적 비준수(Substantial noncompliance)

감독당국은 3등급(개선필요)이나 4등급(실질적 비준수)을 받은 은행에 대해서는 인가를 지연 또는 거절할 수 있고, 저소득층에 대한 여신 및 투자확대 등을 조건으로 인가해 줄 수 있다. 실제로 1989년에 컨티넨털은행은 지역재투자활동 평가결과에 따라 그랜드캐년은행 인수 승인에 실패했다.

또한 감독당국 및 개별은행은 CRA실적, 평가등급, 중소기업대출 실적, 지역사회 개발금융 지원실적, 주택자금대출 실적 등을 일반에 공시한다.

캐나다   캐나다는 미국의 CRA와 같은 제도는 없으나 자본금 10억 달러 이상 은행에 대해 공익활동을 공시하도록 의무화하고 있다. 해당 은행은 캐나다 기업에 대한 여신규모, 지역사회개발 및 중소기업에 대한 지원 내역을 포함한 〈공익활동 보고서(Public Accountability Statement)〉를 매년 감독당국에 제출하고 일반인에 공시하고 있다.

영국   영국은 은행의 사회적 책임활동에 대해 감독당국이 평가하거나 은행에 공시의무를 부과하고는 있지 않다. 하지만 지속가능 금융을 위한 London Principle*, 은행연합회나 기업의 사회적책임관련 단체의 권고 등에 따라 대부분의 은행이 자율적으로 사회적 책임경영 활동을 수행한다.

> * 지속가능한 발전을 위한 세계회의 준비를 위해 영국 정부와 은행 등 민간기구 공동으로 마련한 원칙

프랑스   프랑스는 감독당국이 은행의 공익활동을 평가하거나 공시의무를 부과하고 있지 않으나, 상장된 은행은 지역사회·환경에 관한 기여내용을 공시하고 있다.

한편 1989년 설립된 비영리조직(ADIE*)은 공공기관의 지원금, 은행 차입, 민간 기부금을 재원으로 영세창업자금을 지원하고 있다.

* Association pour le Droit á l'Initiative Economique(경제활동권리연합)

일본   일본금융청은 관계형 금융(Relationship Banking) 또는 지역밀착형 금융(Regionbased Relationship Banking) 강화 프로그램을 통해 중소기업금융 및 지역금융이 원활히 이루어질 수 있도록 지도하고 있다. 금융회사에 대해 자체 추진계획을 작성, 제출 하도록 하고, 계획 추진상황을 매 반기 대외 공표하도록 하고 있다.

아울러 일본의 은행들은 자체적으로 사회적 책임 활동을 강화하고 있다. 2005년 전국은행협회는 협회 행동헌장 개정을 통해 근로자 인권, 환경보존, 사회공헌활동 등 사회적책임(CSR) 관련 내용을 대폭 보강하였다.

금융의 사회적 책임과 효율적인 이행 방안

Q 소외계층 지원은 정부와 금융감독당국이 독자적으로 추진하는 것 보다는 지역과 유대관계를 가지고 있는 금융회사가 이 대열에 동참하는 것이 좀 더 효율적일 것 같다는 생각이 드는데 이에 대한 견해는?

글로벌 금융위기 이후 정부, 금융감독원, 금융회사 등이 마련한 새희망홀씨 등 서민금융상품은 주요한 서민금융지원제도로 자리잡아 서민들의 금융애로 해소에 크게 기여해 온 것이 사실이다.

그러나 유럽발 경기 부진, 부동산경기 침체 지속 등으로 서민금융 수요가 증가하여 만성적인 초과수요를 보일 것으로 전망된다. 저신용자 등 기존의 서민금융지원 대상자 이외에 베이비붐 세대 은퇴와 맞물려 하우스푸어나 신규 자영업 진출자 등이 새로운 서민금융 수요층을 형성할 가능성이 있다.

따라서 기존의 서민금융지원체제 전반에 대한 검토와 함께 금융부문뿐만 아니라 재정까지 포함한 새로운 지원체계를 구축할 필요가 있다. 정부는 사회 안전망 확충 차원에서 일자리 창출과 함께 재정적인 지원방안 등을 모색하고, 은행 등 금융회사는 사회적 책임에 대한 인식을 전환하여 서민금융 지원 기능을 강화하여야 한다.

여신심사와 사후관리 능력이 뛰어난 은행들이 연 10%대 금리의 신용대출상품을 공급한다면, 6~7%대의 은행권 대출과 20%가 넘는 제2금융권 대출 간 금리단층현상이 해소되어 금융의 사각지대에 놓여 있는 계층을 최소화 하는 데 도움이 될 것이다.

또한, 저축은행도 대출모집인에 대한 과도한 의존도를 낮추고, 대출금리 공시를 확대하며 대출 역경매[1] 등을 통해 서민들에게 낮은 금리를 제공하여 금융비용 부담을 완화하는 등 서민금융기관의 역할을 재정립해야 한다.

금융회사는 사회적 책임경영을 실천하고 내실 있는 사회공헌활동에 나서야

그러나 이러한 금융지원만으로는 서민·취약계층에 대한 생활자금 지원, 자영업자 대출 등 서민금융 문제를 모두 해결하기에는 한계가 있다. 부족한 부분은 금융회사가 자신의 규모와 기능에 걸맞는 사회적 책임경영을 실천함으로써 보완해야 한다. 금융권의 사회공헌기금을 확대하고 전담 인력과 조직도 확충하여 내실 있고 지속가능한 사회공헌 활동을 하는 것이다. 이를 위해 금융감독원은 2013년부터 은행 경영실태평가시 사회공헌활동에 대한 평가 비중을 기존의 6배까지 확대하였다.

더 나아가 은행들은 거래 중소기업과 협력하여 서민금융 지원자들의 취업을 지원하는 방안을 모색할 필요가 있다. 물론 일자리창출, 청년실업 완화 등을 통해 저소득 취약계층의 소득기반을 확충시킬 수 있도록 정부도 나서야 한다.

---

1 대출 역경매 : 고객의 대출신청 내용을 여러 금융회사가 심사하여 대출금액과 금리를 제시하고, 고객은 자신에게 가장 유리한 대출조건을 제시한 금융회사를 선택

권혁세 8대 금융감독원장의 머니투데이 기고문(2013년 1월 9일)

공감하는 금융을 위한 3가지 변화

지금은 다소 시들해졌지만 한때 지구촌을 달궜던 반(反)월가 시위는 금융을 바라보는 국민들의 시각을 변화시켰고 자본주의 시장경제 원리에 대한 심각한 의문을 갖게 만들었다. 급기야 국내외적으로 신자유주의에 대한 반성으로 이어져 '경제 민주화'와 '금융규제 강화'라는 새로운 패러다임을 만들고 있다.

원래 금융업은 속성상 돈을 떼이지 않아야 함을 원칙으로 한다. 그래서 금융은 태생적으로 차갑고 때론 비정하기까지 하다. 〈베니스의 상인〉에 등장하는 피도 눈물도 없는 고리대금업자 샤일록이 어쩌면 금융의 맨얼굴일지 모른다.

금융업 종사자들은 금융에 감성이 개입되면 원칙이 무너지고 결국에는 금융시스템이 붕괴될 수 있다고 주장한다. 마치 〈레미제라블〉에서 원칙만을 고집하는 자베르 경감처럼 말이다.

그러나 금융의 역사를 보면 탐욕이라는 인간의 본성이 오히려 원칙을 허물어 종종 금융위기를 발생시켰음을 알 수 있다. 금융의 또 다른 성격은 '소득역진성'과 '경기순응성'이다. 고소득자(대기업)에는 낮은 금리로 돈을 빌려주려고 애쓰지만 급전이 필요한 저소득자(중소기업)에게는 높은 금리를 부과한다. 경기 상황이 좋으면 대출을 늘리다가 경기 상황이 나빠지면 대출을 축소한다. 이는 결국 양극화 심화 및 경기 위축의 악순환으로 이어진다.

글로벌 금융위기 이후 국내은행들도 비슷했다. 취약계층의 경우 저금리의 은행대출 비중은 낮아진 반면, 고금리의 제2금융권 및 사금융 의존도는 그만큼 높아졌다. 이러한 금융의 '속성'으로 인해 금융당국은 항상 원칙과 현실 사이에서 번민해 왔다.

2013년도 금융산업을 둘러싼 대내외 여건은 어려워 보인다. 가계부채 같은 단기 악재뿐 아니라 저성장·저금리·고령화는 경영상 어려움을 키우는 뇌관이다. 자연스레 금융회사는 리스크 관리 강화나 경비 절감을 선택할 것이다. 그러나 이러한 생존전략만으로는 글로벌 위기 이후 나타나고 있는 자본주의 패러다임 전환(자본주의 4.0, 제레미 리프킨의 '공감 자본주의' 등)에 제대로 부응할 수 없다.

따라서 국내 금융산업도 세 가지 점에서 변화와 개혁을 모색해야 한다고 본다.

첫째, '차가운 금융'에서 '따뜻한 금융'으로의 변화다. 금융의 기본원칙은 지키되, 금융업의 탐욕을 철저히 규제하고 이익의 일정 비율은 취약계층에 지원하여 금융의 속성을 따뜻하게 만들어 가자는 것이다.

둘째, 고객과 '상생'한다는 자세로의 변화다. 이를 위해 경영 전략을 단기 성과 위주에서 지속가능한 성장 전략으로 전환해야 한다. 일반기업은 물건을 산 고객이 부실해져도 문제가 없지만, 금융회사는 대출해 준 고객이 부실해지면 동반부실의 가능성이 높다. 과거의 단기 외형경쟁으로 무너진 카드사들이나 최근의 부실화된 저축은행들이 이러한 경우에 해당된다.

또 비 올 때 우산을 빼앗는 대출행태나 회생가능한 기업이 금융회사들의 여신회수 경쟁으로 도산하는 경우도 넓게 보면 이에 해당한다.

셋째, 공급자 중심에서 '소비자 중심'으로의 변화다. 최근 들어 국내 금융회사들이 소비자보호 문제에 관심을 증대시키고 있지만 그 동안 국내 금융산업은 공급자 중심으로 운영돼 온 것이 사실이다. 과거의 권위주의적 관행이 유지되면서 소비자 민원이 계속 증가하는 것도 부인할 수 없는 현실이다. 무엇보다 글로벌 위기 이후 소비자의 금융에 대한 불신과 분노가 커지고 있어 이들의 감성과 욕구를 읽지 못하면 더 큰 어려움에 직면할 수 있다.

이러한 점에서 금융당국의 정책이나 감독, 금융회사의 경영전략은 소비자보호 위주로 변해야 한다. 그러나 더욱 중요한 것은 똑똑하고 현명한 소비자를 늘려 가는 것이다. 금융감독원은 저축은행 사태 이후에 청소년 금융교육봉사단, 금융사랑방버스 운영, 캠퍼스 금융토크, 맞춤형 금융상담 행사 등을 통해 청소년·대학생과 취약계층에 대한 금융교육과 상담을 강화해 오고 있다. 특히 금융소비자보호처 설립 이후 컨슈머리포트 발간, 대출금리 비교공시 등을 통해 소비자들의 현명한 선택을 돕고 있다.

2013년은 계사년(癸巳年), 뱀의 해다. 뱀은 서양에서 힐링(치료)을 상징하는 동물이다. 우리 금융산업도 '따뜻한 금융', '상생하는 금융', '소비자 중심의 금융'을 통해 취약계층을 어루만지고 양극화 해소 및 동반 성장을 지원함으로써 모두가 '공감하는 금융'이 되는 한 해가 되길 기대한다.

36.5도 따뜻한 금융의 실천

금융의 사회공헌활동을 통한 나눔 실천

Q 금융감독원과 금융권이 진행하는 사회공헌활동에는 어떤 것이 있는지?

금융감독원은 그간 금융회사 CEO 간담회 등을 통해 금융권의 체계적이고 지속가능한 사회공헌활동 강화를 강조해 왔다. 구체적으로는 양질의 청년 일자리 창출을 위한 채용규모 확대, 고졸채용 활성화, 대학생 고금리 학자금 대환대출 상품과 공익형 '착한펀드' 개발과 같이 금융회사가 가용한 여건과 자원을 활용하여 다양한 사회공헌 프로그램을 도입하도록 독려하였다.

그 결과 가시적인 성과가 나타나고 있다. 금융회사들은 장학사업, 봉사활동 후원, 소외계층 지원 등 각종 사회공헌사업을 진행하고 있다. 금융회사는 사회공헌 지출을 매년 늘리고 있다. 사회공헌 지출은 2009년 4,500억 원에서 2012년에는 7,300억 원으로 매년 증가하였고 2013년에는 1조 3,000억 원에 달할 전망이다.

| 신용회복위원회의 새희망힐링론 안내 홈페이지 | 2012년 12월 24일 금융권이 함께하는 2012 아름다운 나눔 기금 전달식 |

특히 2012년 11월 금융감독원과 183개 금융회사, 금융업협회의 법인카드 포인트 기부액과 신용카드사 사회공헌기금으로 '새희망힐링 펀드'를 조성하여 금융사기 피해자를 지원하는 것은 금융의 사회적 책임활동의 모범사례라 할 것이다.

기금의 명칭도 금융사기 피해자의 상처를 치유(Healing)하고 삶에 대해 새희망을 불어넣어 준다는 취지를 담고 있다. 2013년 1월 말까지 참여기관들은 24억 원의 법인카드 포인트를 기부하였으며, 이를 재원으로 193명의 금융피해자[1]에게 약 6억 원, 1인당 평균 330만 원을 대출 형식으로 지원하였다.

또한 2012년 12월 24일에는 금융감독원과 26개 금융회사가 함께 6억 원의 기금을 모아 구세군의 봉사활동을 후원하기도 하였다.

---

[1] 보이스피싱 피해자, 불법사금융 피해자, 저축은행 후순위채 피해자, 무인가 투자자문 및 선물업자 관련 피해자, 펀드 불완전판매 피해자, 보험사고 사망자 유자녀

IBK기업은행은 '내복은행 일만천사운동'에 동참해 기금 후원과 양로원 등에 내복을 전달하고, KB국민은행은 저소득층 자녀에게 공부방을 만들어주는 '희망만들기' 사업에 참여하여 2012년 한 해 동안 3억 원을 지원하였다. 삼성생명은 구세군 활동 지원을 위해 대형 자선냄비와 종을 제작하고, 자원봉사자용 조끼 및 앞치마를 만드는 사업을 지원하였다.

KB국민은행이 롯데슈퍼, 사회복지공동모금회, 유니세프와 손잡고 시작한 '사랑의 동전나눔 서비스'[2]는 일반 개인, 금융회사, 사회단체가 합작한 사회공헌활동의 새로운 모델로 평가받고 있기도 하다.

2011년 은행권의 사회공헌활동 총액은 6,658억 원으로 2010년 대비 17.8% 증가하였다. 분야별로는 지역사회·공익 부분에 가장 많은 금액인 2,441억 원을 지출하였고, 서민금융(마이크로크레딧) 2,294억 원(비중 34.5%), 학술·교육 1,165억 원(비중 17.5%), 체육 618억 원(비중 9.3%), 환경 38억 원(0.6%) 순으로 지출하였다. 아울러 2012년 10월 말 현재 미소금융, 햇살론, 새희망홀씨 등 3대 서민금융실적도 2조 2,541억 원으로 2011년 말 지원 실적(2조 1,597억 원)을 이미 초과 달성한 상태이다.

금융감독원 또한 사회공헌문화를 금융권뿐만 아니라 사회전반으로 확산시키는 데 선도적 역할을 하기 위해 다양한 사회공헌활동을 하고 있다. 정기적으로 실시하는 독거노인 위문, IT나눔, 급식봉사, 1사1촌 등 봉사활동뿐 아니라 임직원 성금으로 조성된 기금으로 다양한 소외계층에 금전적 지원도 하고 있다.[3]

---

2 사랑의 동전나눔 서비스 : 18세 이상 개인이 국민은행이 운영하는 기부사이트(www.givecoin.kr)에 회원 가입 후 전국의 롯데슈퍼 매장에서 거스름돈 기부 의사를 밝히면 이 금액이 사회복지공동모금회 등에 기부되어 사회공헌기금으로 활용

3 2012년중 1,046명이 사회공헌활동에 참가했으며 약 1억 6,000만 원의 사회공헌기금을 모았음

취약계층에 대한 금융교육 등 금융감독업무와 연계하여 지식을 나누는 재능 나눔도 활발하게 전개하고 있다.

이렇듯 금융권은 다양한 사회공헌 활동을 전개해 나가고 있지만, 아직도 지원의 손길이 필요한 서민들이 많기에 앞으로도 정부와 금융감독원은 서민금융 지원정책과 금융권의 사회공헌활동을 확대하기 위해 다양한 아이디어를 가지고 꾸준히 노력해 나갈 것이다. 이를 통해 갈수록 어려워지는 서민들의 삶에 긍정적인 변화가 이루어져야 한다.

재래시장을 방문한 최수현 금융감독원장

'농업인 행복채움을 위한 사회공헌大행사'에서 농민들과 함께 감자꽃을 따고 있는 최수현 금융감독원장

금융지식 나눔의 실천,
FSS DREAM 대학생 금융교육 봉사단

대학생 금융교육 봉사단 출범

Q 금융감독원에서 금융교육 자원봉사 프로젝트인 '대학생 금융교육 봉사단'을 창단했다고 하는데 추진 배경과 활동 내용은?

금융감독원의 '대학생 금융교육 봉사단'의 영문 약칭은 FSS DREAM이다. DREAM은 '청소년들에게 바른 금융교육을 하고 그들이 꿈을 키울 수 있도록 좋은 멘토링을 해주자(Do Right Education and Mentoring)'는 뜻을 담고 있다.

청소년들이 바른 금융생활습관을 갖도록 하는 것은 매우 중요하다. 어릴 때부터 제대로 된 금융교육을 받게 되면 좋은 습관을 갖게 되고, 어른이 되어서도 금융사기에 빠지거나 잘못된 금융생활을 하지 않을 가능성이 높아지기 때문이다.

이런 관점에서 금융감독원은 지난 2002년부터 청소년에 대한 금융교육에 많은 관심과 투자를 해왔다. 첫해에는 650명의 청소년들이 금융교육을 받아 그 시작은 아주 미미했지만 2012년에는 무려 18만 명의 청소년들이 그 혜택을 받았다. 하지만 이 숫자는 우리나라의 전체 초·중·고교생 672만 명에 비교하면 너무 적은 숫자였다.

FSS DREAM 대학생 금융교육 봉사단 로고

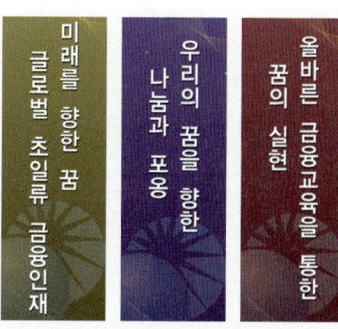
FSS DREAM 대학생 금융교육 봉사단 슬로건

우리 청소년들에게 금융교육은 반드시 필요한 교육이지만, 아직까지도 우리 초·중·고교의 교과과정에 금융교육 수업은 없을 뿐만 아니라 금융교육 수업을 담당할 수 있는 강사도 없고 제대로 된 금융교육 교재도 부족하였다.

이러한 문제를 해결하기 위해 금융감독원은 2012년 5월 초·중·고교생용 금융교육 인정교과서를 발간하여 전국의 1만 3,000여개 초·중·고교에 보급하여 한 가지 문제를 해결하였다. 금융교육을 정규수업에 편성하는 것은 장기적으로 해결해야 할 문제이므로 이제 남은 문제는 강사를 조달하는 일이었다. 금융감독원과 금융유관기관들의 직원들이 금융교육 강사로 활동하는 것도 한계가 있다. 일선 교사들을 초청하여 '금융교육 강사 양성 프로그램'을 시작했지만 턱없이 부족한 강사를 원활히 공급할 수 없었다.

그런데 어린 청소년들을 대상으로 수업을 진행해 본 강사들의 경험을 들어보니 강사가 젊을수록, 특히 대학생 형이나 누나일수록 집중도가 높다는 것을 알게 되었다.

젊음과 패기가 있는 대학생들에게 금융교육을 할 수 있는 과정을 만들어 강사로 육성할 경우, 대학생들이 배운 것을 동생들에게 전수 할 수 있게 된다. 이것은 대학생들로 하여금 지식 나눔을 실천하도록 함으로써 우리 사회가 바라는 '봉사하는 차세대 금융 리더'로 키우는 길이기도 하다.

금융감독원이 대학생 금융교육 프로그램으로 운영중인 FSS 금융아카데미 과정을 수료한 대학생, 캠퍼스 금융토크에 참가했던 대학생, 금융감독원 대학생 기자단 등 금융에 대해 관심 많은 학생들은 양질의 잠재적 금융교육 강사였다.

이러한 대학생들에게 청소년에 대한 금융지식 나눔 활동을 펼칠 자원봉사자가 될 수 있는 계기가 마련되었다. 전국 각지에서 많은 대학생들이 이 취지에 동감하고 용기 있게 '금융감독원 대학생 금융교육 봉사단'에 지원하여 2012년 8월 제1기 'FSS DREAM'의 창단멤버가 되었다. 전국 36개대학 123명의 대학생은 자랑스러운 우리의 꿈, DREAM이 된 것이다.

파이팅을 외치고 있는 FSS DREAM 대학생 금융교육 봉사단

FSS DREAM 대학생 금융교육 봉사단 발대식에 참가한 충남대 학생들

FSS 금융아카데미

FSS 금융아카데미는 매월 둘째, 넷째 주 금요일 저녁에 금융감독원 연수원에서 금융전문가들이 금융에 관심 있는 대학생들을 대상으로 금융법, 자본시장법의 기초는 물론 실물경제와 가계부채 문제의 이해, 보험, 파생상품 등 다양한 주제로 강연하는 교육프로그램이다.

※ 강연 주제, 신청방법은 http://edu.fss.or.kr/fss/edu/event/academy_info.jsp 참고

FSS DREAM 대학생 금융교육 봉사단의 활동상

FSS DREAM 대학생 금융교육 봉사단원은 어린이·청소년 대상 금융교육 강사로 활동하고 있다. 평일에는 거주지 인근 초·중·고교에서 금융교육 강사로 활동하고, 주말에는 자체 주말교육 프로그램을 마련하기 어려운 아동복지센터, 청소년 문화의 집 등 사회복지시설을 방문하여 불우 청소년들에게 금융교육 봉사활동을 수행하고 있다. 특히 활동실적이나 강의능력이 우수한 봉사단원은 다문화가족, 북한이탈주민 등에 대한 특별교육 강사로도 활동하고 있다.

FSS DREAM 대학생 금융교육 봉사단 강의장면

FSS DREAM 대학생 금융교육 봉사단의 강의를 경청하고 있는 학생들

대학생 봉사단원은 출범 이후 2013년 3월 말까지 총 283회에 걸쳐 2만 4,020명의 초·중·고등학생에게 금융교육을 실시하였다. 연령 차이가 많지 않은 대학생이 금융교육 강의를 진행함에 따라 어린이·청소년들로부터 많은 인기를 누리고 있다.

FSS DREAM 대학생 금융교육 봉사단 봉사실적

(단위 : 개, 회, 명)

	방문학교			교육 횟수	교육 인원
	수도권	지방	계		
초등학교	55	30	85	188	12,349
중학교	19	8	27	65	10,011
고등학교	5	8	13	19	1,312
기타	2	3	5	11	348
합계	81	49	130	283	24,020

(2012년 9월~2013년 3월)

금융감독원은 여의도 본원과 4개 지원(부산, 대구, 광주, 대전)을 통해 대학생 금융교육 봉사단의 교육품질 제고와 교육봉사 활성화를 지원하고 있다. 이를 위해 금융교육 인정교과서 강의안과 동영상 자료 등 교육 참고자료를 봉사단에게 제공하고, 관련 교육수요도 지속적으로 발굴하고 있다.

한편 금융감독원은 봉사단의 활동을 지원하기 위하여, 시골읍면 등 전국 각지에 점포망을 구축하고 있는 NH농협금융지주와 봉사단 운영에 관한 업무협약을 체결하였다. NH농협은행은 대학생 금융교육 봉사단의 지역별 조직 구성을 통한 정례 모임을 활성화하는 한편 이들의 지역별 사회공헌활동을 개발·지원하고 있다.

금융지식 나눔을 통해 글로벌 금융리더로 성장해야

흔히 '아는 것과 가르치는 것은 다르다'고 한다. 이 말은 '강사가 아는 것을 제대로 전하기 위해서는 배울 때보다 강의하기 위해 더 많은 연구와 준비와 연습을 해야 한다'는 의미를 담고 있다.

봉사단 활동은 항상 교육생들의 눈높이에 맞는 강의안을 준비하여 교육하고 그 결과를 피드백 해나가는 과정을 반복한다. 이런 과정을 통해 대학생 금융교육 봉사단원들은 앞으로 사회생활을 하면서 어떤 일이든지 창조적으로 추진할 수 있는 능력을 키우게 될 것이다.

지금도 우리 사회에는 따뜻한 손길을 기다리는 저소득층 자녀, 농어촌 주민 자녀, 불우 청소년들이 너무 많다. 미래 금융인으로 성장할 우리 대학생들이 자신의 재능과 시간을 이런 어려운 사람들에게 나누고 베푸는 과정을 통해 소외된 사람들을 포용하는 따뜻한 마음을 가진 진정한 리더의 품성을 갖게 될 것이다.

교육봉사로 이룩하는 금융강국의 꿈

부모님과 선배들의 땀과 눈물로 우리나라가 경제강국이라는 꿈을 이루어 가는 위대한 과정이 있었듯이 이제는 젊은이들이 꿈을 이루어 나갈 차례다.

대학생 금융교육 봉사단은 'DREAM'에 담겨진 뜻처럼 청소년들이 슬기로운 금융생활을 할 수 있도록 도와주어야 한다. 또한, 금융교육 봉사활동을 '글로벌 초일류 금융인재'라는 원대한 꿈을 키우는 기회로 활용해야 한다. FSS DREAM은 금융교육을 통해 우리나라가 금융강국이 되는 꿈을 실현시키는 주역이 되고, 동반 성장을 이끌어 감으로써 행복해지는 '나눔과 포용의 홀씨'가 될 것이다.

전국 방방곡곡으로, 금융사랑방버스 출범

금융사랑방버스

Q 금융감독원이 마련한 금융사랑방버스는 서민에게 어떤 혜택을 주고 있는지?

금융감독원과 서민금융 유관기관들은 2012년 전국 지자체 등과 연계하여 대도시 서민들을 대상으로 총 25회에 걸쳐 맞춤형 서민금융 상담행사를 개최하였고, 상담을 통해 총 5,866명에게 금융애로사항을 해결해 주었다.

하지만 전통시장 상인, 군장병, 다문화 가족 및 농어촌 주민들의 경우 금융피해 고위험 계층임에도 불구하고 지리적 여건 및 바쁜 생계활동으로 인해 방문 상담에 참여하기 어려웠다. 또한 위법·부당한 금융거래로 피해를 입고도 구제절차를 모르거나 금융정보 및 금융지식이 부족하여 새희망홀씨대출·미소금융 등 서민금융 지원상품을 제대로 활용하지 못하는 사례도 많았다.

이와 같은 문제점을 해소하기 위해 2012년 6월 출범한 금융사랑방버스[1]는 금융소외계층에 대한 금융감독원의 새로운 시각을 보여 준다.

---

[1] 민원인이 언제든지 편안하게 상담 받을 수 있도록 34인승 중형버스를 개조하여 상담테이블(4개), 냉난방기, 소형발전기, 무선인터넷, 프린터, 팩스, 복사기, 교육용 영상기기(DVD, TV 등) 등을 설치

금융사랑방버스는 금융상담을 필요로 하는 서민들이 찾아오기를 기다리는 것이 아니라, 방방곡곡 생계현장을 직접 찾아가서 서민이 필요로 하는 민원상담, 서민금융지원, 금융교육, 불법사금융 피해접수 등 종합금융서비스를 One-Stop으로 제공하는 것이다.

금융사랑방버스 로고

금융사랑방버스 출범식(2012년 6월 7일)

금융사랑방버스는 2012년 6월 출범 이후 2013년 3월까지 약 9개월간 전국 방방곡곡을 찾아갔다. 총 139회에 걸쳐 서울-부산을 35회 왕복할 수 있는 거리, 약 2만 2,000킬로미터를 운행하였다. 버스에는 금융감독원 및 서민금융기관[2]의 전문상담원들이 동승하여 시장상인, 시골읍면 주민, 군장병, 북한이탈주민, 다문화가족 등 총 3,096명에게 1:1 맞춤형 금융상담 서비스를 제공하였다.

2012년 7월 25일 금융사랑방버스는 경상북도 상주를 방문해 전통시장에서 상담을 진행하고 있었다.

---

2 은행권, 신용회복위원회, 햇살론 판매금융회사, 미소금융재단, 한국자산관리공사, 한국이지론, 대한법률구조공단 등

금융사랑방버스 해군 제2함대 방문(2012년 11월 19일)   금융사랑방버스 출범 1주년 기념식(2013년 6월 11일)

버스에서 전화 상담을 진행 중이던 상담원이 적십자병원으로부터 한통의 전화를 받고 금융사랑방버스와 함께 적십자 병원을 방문했다. 적십자병원에서 상담원이 만난 간병사(여 55세)는 은행, 카드사 및 보험사에서 3,000만 원의 보증채무를 지고 있었지만 해결할 방법을 전혀 모르고 있었다.

환자를 간호하느라 한시도 자리를 비울 수 없었고, 전화 상담을 시도해도 너무 복잡한 설명에 좌절하고 있던 상황이었다. 하지만 불현듯 찾아온 금융사랑방버스 상담원의 사려 깊은 설명으로 개인워크아웃 절차를 밟아 문제를 해결할 수 있었다.

한편, 2013년 1월 25일에는 출소 2~3개월을 앞둔 재소자들을 대상으로 금융교육 및 상담을 실시하기 위하여 충청남도 홍성교도소를 찾아갔다. 어느 수감자(남 38세)가 직접 쓴 편지가 금융사랑방버스의 첫 교도소 방문의 계기가 된 것이다. 그는 편지에서 교도소 수감자들이 출소하여 사회에 원활히 적응하기 위해서는 실생활 위주의 금융교육과 상담이 필요한데, 재소자의 특성상 그럴 기회가 없다고 호소했다.

교도소의 협조로 금융사랑방버스 방문은 성사되었고, 상담을 받은 수감자들은 출소 이후 새로운 인생을 설계하는 데 큰 도움을 얻게 되었다며 고마움을 표시하기도 했다.

방방곡곡 달려가서 서민고충 덜어주는 금융사랑방버스는 소외지역 금융취약계층의 희망전도사가 되어 지금도 전국 전통시장, 시골읍면, 다문화가정을 찾아가고 있다.

금융사랑방버스 운영 경과

일자	내용
2012. 6. 7	금융사랑방버스 출범 및 상담 개시(안산시 시민시장)
2012. 7.11	금융사랑방버스 육군부대 최초 방문(육군 노도부대)
2012. 9. 4	피상담자 1,000명 돌파
2012. 9.25	부산지역 양로원 등 5개 사회복지시설 방문
2012.10. 2	권혁세 제8대 금융감독원장 금융사랑방버스와 함께 1군단 사령부 방문 상담
2012.10.29	북한이탈주민을 위해 강원서부하나센터 방문
2012.11.29	피상담자 2,000명 돌파
2012.12.14	출범 6개월 만에 100회 방문 상담
2013. 3.22	피상담자 3,000명 돌파
2013. 6.11	금융사랑방버스 출범 1주년 기념식 개최

서민경제의 뿌리,
자영업자 지원을 위한 대책

자영업자들의 아우성

Q 경기침체 지속으로 자영업자들이 큰 어려움을 겪고 있는데, 이들은 어떤 상황에 처해 있는지?

최근 은퇴자 증가로 음식점, 치킨집 등 자영업 종사자 수가 2010년 700만 명에서 2012년 711만 명으로 증가하고 있다. 하지만 준비 없는 창업, 영세한 규모, 경쟁 격화, 대기업 진출 등의 복합적인 요인에다 경기 침체까지 겹쳐 자영업자의 수익성은 점차 악화되고, 자영업 3년차 생존률(46.4%)에서 보듯 대량휴·폐업도 반복되고 있다.

더욱이 자영업자의 소득 대비 금융부채비율은 164%로 임금근로자의 94%에 비해 두배 가까이 높고, 채무상환능력을 나타내는 가처분소득 대비 원리금상환액비율도 23.1%로 역시 임금 근로자의 14.8%에 비해 열악한 상황이다. 이로 인하여 자영업자들의 신용도는 점차 낮아져 은행을 이용하지 못할 지경이 되었다. 사업 자금을 찾아 고금리의 제2금융권으로 내몰리고, 불법 사금융, 보이스 피싱, 대출사기 등 금융범죄에 노출되는 빈도도 높아지고 있는 실정이다.

우리나라 자영업자 비중은 전체 취업자의 약 30%에 달한다. OECD 국가 평균 자영업자 비중이 16% 정도이므로 우리나라 경제에서 자영업자가 차지하는 비중은 결코 낮지 않다. 자영업자들이 사업 환경 악화와 금융 애로를 견뎌내고 생업을 제대로 영위하기 위해서는 금융감독당국의 관심과 지원이 절실한 상황이다.

금융감독원, 전국소상공인단체연합회와의 MOU 체결

 자영업자 등 소상공인의 권익강화와 어려움 해소를 위해 금융감독당국은 어떤 대책을 마련하고 있는지?

금융감독당국은 실질적인 자영업자 권익 강화를 위해 영세업자에 대한 신용카드 가맹점 수수료 인하와 신용판매대금 3일내 지급 제도를 마련하였다.

2012년 12월 22일부터 연매출 2억 원 이하의 영세한 중소가맹점에 대한 우대수수료율 적용을 의무화 하도록 여신전문금융업법 등을 개정하였다. 중소상공인과의 고통 분담 및 상생을 위해 카드업계는 우대수수료율(1.5%)을 적용하는 조치를 개정법 시행에 앞서 9월 1일부터 조기에 시행하였다. 이 조치로 총 242만 개 카드가맹점중 약 179만 개, 74%의 가맹점이 우대수수료율을 적용 받아 연간 약 3,000억 원의 수수료 절감 혜택을 받고 있다.

또한 2012년 11월부터는 〈가맹점 표준약관〉을 마련하여 카드사가 신용판매대금을 최장 3일내에 지급하도록 하고, 대금지급 지연에 따른 배상조항을 마련하는 등 가맹점에게 불리한 각종 관행을 개선하였다.

하지만 경기침체로 어려움에 직면한 자영업자를 위해서는 관행과 제도 개선뿐만 아니라, 생업에 필수적인 금융 지식과 이용 방법을 알려주는 맞춤형 상담·교육이 필요했던 것이다.

이를 위해 금융감독원은 2012년 12월 28일 전국소상공인단체연합회(회장 김경배) 등 9개 자영업자단체[1]와 간담회를 갖고 '금융교육 협력 등에 관한 업무협약(MOU)'를 체결하였다. 간담회에서는 금융감독원장이 직접 나서 자영업자 단체장들로부터 금융애로 및 정책건의 사항을 청취하고 의견을 교환하였다. 간담회에서 양측은 서민금융지원 제도에 대한 정보 부족과 재무적 어려움 해소를 위한 컨설팅이 부족하다는 점에 공감하였다. 금융감독원과 자영업자 단체는 업무협약(MOU)을 근거로 금융정보 제공과 금융교육을 통해 자영업자의 어려움을 해결해 나가기로 한 것이다.

금융감독원-소상공인단체연합회간 금융교육 협력 등에 관한 업무협약 체결식(2012년 12월 28일)

소상공인을 대상으로 금융상담을 실시하고 있는 장면

이에 따라 금융감독원은 전국의 자영업자 지회에 한국자산관리공사, 신용회복위원회와 같은 10여개 서민금융기관에서 파견된 전문 상담원들이 탑승하는 '금융사랑방버스'[2]를 수시로 운영하고, 정기적인 'One-Stop 서민금융종합서비스'를 통해 맞춤형 금융교육 및 상담을 제공하며, 자영업자의 사업 영위에 필요한 기본적인 경제·금융정보도 제공할 방안을 마련하였다.

---

1 전국소상공인단체연합회(대한미용사회중앙회, 대한안경사협회, 한국산업용재협회, 한국베어링판매협회, 한국차양산업협회, 한국화원협회, 한국컴퓨터시설관리업협동조합 등 62개 회원단체에 회원수 600만 명인 국내 최대 자영업자 단체) 및 한국외식업중앙회(회원수 42만 명)

2 전국 방방곡곡으로, 금융사랑방버스 출범 참조(105 페이지)

금융감독 제대로 하기 : 금융소비자보호 강화

금융소비자보호 강화는 세계적인 추세

Q 글로벌 금융위기 이후 전 세계적으로 금융소비자보호를 강화하는 추세라고 하는데, 주요 선진국들의 움직임은 어떠한지?

전 세계적으로 금융소비자보호의 중요성에 대한 인식이 확산되고 있다. 특히 미국, 영국과 같은 주요 선진국들의 경우 금융소비자보호기구를 강화하고, 각종 금융제도와 관행을 개선하여 실질적으로 금융소비자를 보호할 수 있는 방안을 마련하여 실행하고 있다.

미국은 서브프라임모기지 사태로 촉발된 금융위기를 거치면서 금융소비자보호를 강화하는 법안을 통과시키는 한편, 금융계약 내용의 이해가 부족하여 발생하는 소비자의 피해를 최소화하기 위해 금융소비자에 대한 교육을 확대하고 있다. 미국은 별도의 금융소비자보호기구(CFPB : Consumer Financial Protection Bureau)를 설립하였고, 국가적 차원에서 금융역량 강화 전략을 마련[1]하는 등 금융소비자 보호 강화를 위해 최선을 다하고 있다.

---

1 금융이해력 및 교육위원회(FLEC)가 '금융역량국가전략 2011 (National Strategy for Financial Literacy 2011)'을 마련

미국과 함께 모기지대출 부실로 큰 어려움을 겪었던 영국도 금융소비자 보호 강화를 위해 기존에 금융소비자들의 민원을 처리하였던 금융고충 처리기구(FOS : Financial Ombudsman Service)와는 별도로 금융자문서 비스기구(MAS : Money Advice Service)를 신설하여 올바른 투자결정을 위한 정보제공 및 소비자교육을 담당하도록 하고 있다.

한편, OECD는 2003년 이후 소비자들의 금융역량을 향상시키기 위한 금융교육의 중요성을 인식하고 이에 대한 권고안을 지속적으로 제시하여 왔으며, 2012년 6월에 열린 G-20 멕시코 정상회의에서는 금융교육에 관한 국가전략 상위원칙[2]을 발표하였다.

금융교육에 관한 국가전략 상위 원칙을 채택한 2012 G20 멕시코 정상회의

미국의 아이오와에 위치한 CFPB 건물 전경

---

2 '금융교육에 관한 국가전략 상위원칙(High-Level Principles on National Strategies for Financial Education)'이란 각 국가별로 적합한 금융교육 체계와 프로그램을 마련하기 위한 국가적인 접근법으로 각국이 국가적 차원에서 금융교육의 중요성을 인식하여 ① 금융교육을 위한 국가 전략을 준비하고, ② 다양한 이해관계자들의 이해를 조정하고, ③ 로드맵을 설정하여, ④ 시행하는 원칙을 제시

금융소비자보호 강화를 위한 노력

Q 금융에 대해 잘 아는 소비자들이 많아야 금융회사도 발전할 수 있기 때문에 그 나라의 소비자 수준도 중요하다고 생각한다. 우리나라 소비자보호 제도의 수준은 어느 정도이고 금융소비자보호 강화를 위해 금융감독원은 어떤 노력을 하고 있는지?

글로벌 금융의 패러다임이 공급자로부터 소비자 중심으로 전환되는 가운데 금융감독당국도 소비자보호에 주안점을 두고 감독업무를 수행하고 있다.

소비자의 금융에 대한 불신과 분노가 높아진 상태에서 금융회사가 소비자의 감성과 욕구를 제대로 읽지 못하면 경영상의 어려움에 빠질 수밖에 없다. 이러한 전제 하에 금융감독당국은 정책 및 감독뿐만 아니라 금융회사의 경영전략이 소비자보호 위주로 전환되도록 노력하고 있다.

똑똑한 금융소비자가 있어야 금융도 강해져

그러나 더욱 중요한 것은 경쟁촉진을 통해 금융서비스의 질을 제고하고, 똑똑하고 현명한 소비자를 육성하여 금융회사를 감시하게 하는 것이다.

금융소비자가 금융회사를 선택할 때 금리나 수수료뿐만 아니라, 금융회사가 금융상품 설명 의무를 잘 이행하는지, 분쟁 처리는 공정한지, 그리고 고객에 대한 적합성을 고려하여 상품을 권유하는지 등을 꼼꼼히 따져 보아야 한다.

그렇게 되면 금융회사는 소비자에 적합한 금융상품을 개발하고, 불완전판매도 사라지게 된다. 금융소비자의 금융이해력과 감시수준이 높아질수록 우리나라 금융회사들의 선진화가 촉진되고 글로벌 경쟁력도 제고될 것이다.

그러나 KIKO 사태, 저축은행 후순위채 사태, 지속적으로 증가하는 민원 신청건수 등을 미루어 볼 때, 우리 금융소비자의 감시기능은 아직 제대로 작동하지 않고 있는 것으로 판단된다.

금융감독원의 금융소비자보호 기능 강화

금융감독원은 금융소비자보호 기능을 강화하고 금융소비자보호 부문의 독립성을 높여 건전성 감독 부문과의 견제와 균형을 통해 금융소비자에게 실질적인 도움을 줄 수 있도록 2012년 5월 금융소비자보호처를 설치하였다. 금융소비자보호처는 〈금융소비자 리포트〉 발간, 소비자경보 발령, 신속·공정한 저축은행 후순위채 불완전판매 피해구제와 같이 금융소비자에게 실질적인 도움을 줄 수 있는 업무를 중점 추진하고 있다.

중소서민 취약계층에 대한 서비스 강화를 위해 '금융사랑방버스' 운영과 '맞춤형 서민금융상담 행사' 진행, 생계형 민원 현장조사를 확대함으로써 현장 중심의 금융소비자보호를 한층 강화하고 있다.

아울러 금융소비자를 위한 금융감독업무가 이루어질 수 있도록 소비자보호와 건전성감독간 조정 환류(Feedback) 기능을 강화하기 위해 '소비자보호심의위원회'[1]를 원장 직속으로 신설하였다.

이 위원회를 통해 금융소비자보호처가 민원이나 분쟁처리 과정에서 파악한 금융소비자보호를 위한 제도나 금융회사의 영업·업무관행의 개선 필요사항을 감독·검사과정에 반영하도록 하였다. 또한 금융상품 개선 TF를 운영하여 현재 판매되고 있는 금융상품 관련 상품·판매·공시의 적정성을 점검하여 금융소비자에게 불리한 금융상품의 개선을 추진하도록 하였다.

금융소비자보호처 출범(2012년 5월) 금융감독원내 금융소비자보호처 현판

금융소비자보호를 위한 예방적 조치들

소비자의 알권리를 확대하고 금융회사의 자율적 민원감축노력을 촉진하기 위해 금융회사별 민원건수와 민원발생평가등급을 공시하도록 하고 있다. 특히 금융소비자에 의한 금융회사 감시기능이 제대로 작동되도록 하기 위해 금융소비자에게 충분한 정보를 제공하고 이러한 정보를 활용할 수 있는 능력을 높여주기 위해 노력하고 있다.

---

1 2012년 11월 20일 열린 '소비자보호심의위원회' 제1차 회의에서는 〈금융소비자 리포트〉와 금융상담·민원정보 등으로부터 도출된 제도개선 및 검사 필요사항을 심의하여 소관 감독·검사부서에 제도개선과 검사를 요청
  • 주요 논의내용
    - 연금저축상품 검사 실시 및 제도개선 요청(제1호 〈금융소비자 리포트〉 후속 조치)
    - 신용카드사 채무면제·유예서비스 제도개선 요청
    - 고령자에 대한 ELS 관련 상품 판매현황 조사 및 보호방안 마련 등

이를 위해 먼저 금융시장에서의 정보 비대칭성을 해소하고 소비자에게 선택 가능한 충분한 정보를 제공해 주기 위해 금융회사 경영공시, 금융상품 공시, 투자자 공시 등을 강화해 나가고 있다.

또한 OECD/INFE의 권고[2]에 따라 초·중·고·대학생 및 금융소외계층 등을 대상으로 다양한 교육프로그램을 개발하여 운영함으로써 금융소비자의 금융이해력 향상에도 힘쓰고 있다.

조기금융교육이 중요하고 효과적이라는 판단하에 초·중·고교생을 위한 금융교육 교과서를 개발·보급하고 금융교육 시범학교를 운영하는 한편, '캠퍼스 금융토크', '대학생 금융캠프' 등 젊은 층의 특성에 맞는 소통형 금융교육을 강화하고 있다.

금융감독원의 금융교육 실시현황

(단위 : 명)

	교육 인원						취약계층[*]
	어린이, 청소년	대학생	군장병	실업자, 농민	일반인	합계	
2008년	51,308	2,940	18,389	3,400	6,309	82,346	24,339
2009년	92,619	7,178	16,586	8,678	9,061	134,122	29,308
2010년	128,546	9,504	17,267	11,946	23,078	190,341	41,229
2011년	159,654	10,546	10,080	9,923	20,853	211,056	35,237
2012년	146,544	15,903	36,949	10,485	61,463	271,344	55,949
2013년 3월	15,129	11,157	6,963	4,230	6,529	44,008	13,786

* 군장병, 북한이탈주민, 노인, 사회복지 수혜계층, 다문화가정, 근로청소년, 저소득층 자녀, 재소자, 실업자, 농민 등

---

[2] 금융교육은 어릴 때부터, 전 생애에 걸쳐서 이루어져야 하고, 가능한 한 금융소외계층에게 더욱 집중되어야 함(OECD/INFE의 '금융교육에 관한 국가전략 상위원칙')

금융소비자보호 정책 방향

Q 앞으로도 당분간은 경제·금융상황이 어려울 것으로 예상된다. 이에 따라 금융소비자보호가 더욱 중요해질 것으로 보이는데, 향후 금융감독원의 금융소비자보호 관련 정책 방향은 무엇인지?

2013년 경제·금융시장 전망은 그리 밝지 않다. 대외적으로는 유럽의 재정위기를 필두로, 미국의 경기침체, 중국 등 신흥국의 성장세 둔화에 대한 우려가 커지고 있다. 대내적으로는 과도한 가계부채와 내수 둔화, 부동산 경기침체 장기화에 대한 부담이 가중되고 있는 상황이다. 이러한 현실을 감안할 때 앞으로도 금융소비자보호의 중요성은 더욱 더 커질 것이다.

금융감독원은 금융소비자보호기능을 강화하기 위해 금융회사와 자체 소프트웨어 혁신에 만전을 기할 것이다. 금융소비자 보호업무를 체계적으로 수행하기 위해 발족한 금융소비자보호처의 기능을 더욱 강화할 것이다. 금융소비자의 권익을 침해하는 불건전 영업행위와 금융범죄에 대해서는 일벌백계 차원에서 단호하고 엄격하게 제재할 것이다.

또한 소비자의 눈높이에서 불합리한 제도와 관행들을 적극적으로 찾아내어 개선하고, 대출금리나 수수료 비교공시, 금융소비자 리포트 발간을 확대하여 소비자의 선택권을 넓혀 나갈 것이다.

현명한 금융소비자(Wise Consumer)들이 많아져야 금융산업도 발전할 수 있는 만큼 청소년에 대한 금융교육, 금융소외계층에 대한 맞춤형 금융상담도 지속적으로 확대해 나갈 계획이다.

민원인의 자기정보 접근권 보장, 집단분쟁조정제도, 민원조사실의 현장조사 기능 강화 등을 통하여 금융소비자 중심으로 사후적 피해구제 기능을 더욱 강화할 예정이다.

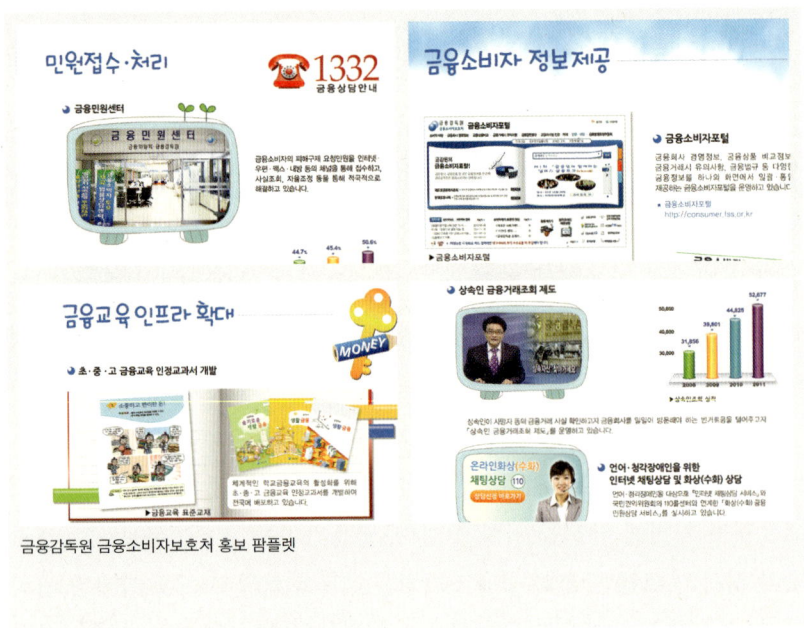

금융감독원 금융소비자보호처 홍보 팜플렛

금융범죄로부터
안전한 사회 만들기

4대 금융범죄 예방 캠페인

Q 2012년은 보이스피싱, 대출사기 등 다양한 금융범죄로 인한 피해가 극심했던 한해였는데, 금융감독원이 주도한 4대 금융범죄 예방 활동은 어떻게 진행되었는지?

경기가 어려워지면서 서민들의 주머니를 노리는 다양한 금융사기 수법이 크게 증가하고 있는데, 대표적으로 보이스피싱, 대출사기, 보험사기, 테마주 선동과 같은 4대 금융범죄가 있다.

보이스피싱은 2009년 6,700건에서 2011년 8,244건으로 피해건수가 증가하다가 단속 강화로 2012년 5,709건으로 감소추세에 있다. 하지만 스미싱[1], 파밍[2] 등 신종사기의 비중이 늘어나고 있다. 지능화되고 있는 보험사기도 해마다 늘고 있다. 2012년 증시에서는 19대 총선, 18대 대통령 선거를 틈타 정치인을 테마로 한 루머로 인해 특정 종목의 주가가 급등락하여 소액투자자가 큰 손실을 보기도 했다.

---

1 스미싱(Smishing) : 문자메시지(SMS)와 개인정보 취득(Phishing)의 합성어로 악성코드가 포함된 문자메시지를 보내 범죄자가 휴대폰을 통제하여 사이버머니나 게임아이템을 구입하여 피해를 입히는 범죄행위

2 파밍(Pharming) : 개인정보 취득(Phishing)과 농사(Farming)의 합성어로 사용자의 컴퓨터에 악성코드를 심어 사용자로 하여금 가짜를 진짜 사이트로 오인하여 접속하게 하여 개인정보를 빼내가는 범죄행위

금융감독원은 이런 피해를 막기 위해 금융민원센터를 통해 피해사례를 접수 받고 경찰과 검찰에 조사를 의뢰해왔다.

사금융 관련 상담 및 피해신고 건수

(단위 : 건)

	2009년	2010년	2011년	2012년	2013.3말
전체 상담 건수	9,446	19,141	28,984	94,647	23,037
불법 고금리	1,057	748	1,001	6,494	632
불법채권추심	972	1,136	2,174	4,580	1,306
대출사기	463	794	2,357	23,650	7,275
보이스피싱 피해 건수	6,720	5,455	8,244	5,709	993

그러나 활개 치는 금융범죄에 비해 국민들의 예방의식은 그리 높지 못한 수준이다. 금융감독원은 일반 국민들의 관심을 유도하기 위해 2011년 말부터 4대 금융범죄 예방캠페인을 중심으로 다양한 피해예방활동을 전개하고 있다.

2012년 설 명절 기간 동안 금융감독원 임직원이 직접 금융범죄 예방을 위한 거리캠페인에 나서기도 했다. 4대 금융범죄행위에 따른 피해사례, 대응요령을 설명하고 서민들이 알면 유익한 금융지원제도 등을 정리한 소책자를 서울역과 강남고속버스터미널에서 시민들에게 배포하여 금융피해 예방에 많은 기여를 하였다고 본다.

또한 KTX 역사 및 터미널의 LED · LCD TV 홍보 · 광고 및 교통방송 공익캠페인 활동도 병행하고, 4대 불법금융행위 근절을 위한 동영상 공모전을 일반 국민을 대상으로 실시하여 국민의 경각심을 높이는 성과를 거두었다.

서울역에서 진행중인 4대 금융범죄 예방 캠페인   4대 불법금융행위 근절을 위한 동영상 공모전 수상작
4대 불법금융행위 없는 세상

금융감독원의 노력은 정부로 하여금 금융범죄의 심각성을 인식하게 하였다. 정부는 2012년 5월부터 '불법사금융 척결대책'을 마련하고 총리실을 중심으로 금융감독원뿐 아니라 검찰, 경찰 등 유관기관까지 나서 금융범죄를 뿌리 뽑기 위한 본격적인 행동에 나서게 되었다.

4대 금융범죄(보이스피싱, 대출사기, 보험사기, 테마주 선동) 대응요령 팜플렛

불법사금융 피해신고 현황

Q 금융감독원이 주도한 4대 금융범죄 예방활동에 이어 정부는 가지고 있는 권한을 모두 동원하여 불법사금융 척결대책을 마련하고 금융범죄를 단죄하기 시작했는데, 신고 현황과 피해 상황은 어떻게 되는지?

국내 경기는 점차 어려워지고 있는 실정이고, 경기에 가장 민감한 금융취약계층의 금융(대출)수요는 갈수록 커지고 있다. 특히 가계부채 연착륙 대책에 따른 가계신용관리 강화로 은행 등 제도권 금융회사의 서민금융이 상대적으로 위축되어 저신용층의 경우 은행으로부터 가난을 벗어나기 위한 자금 융통이 어려운 처지다.

이러한 환경에서 취약계층은 자금조달을 대부업, 사채 등 사금융에 의존하는 경향이 증가하였다. 사금융을 이용하는 과정에서 불법고금리, 대출사기, 불법채권추심 등 피해가 확산되고 이에 대한 상담 및 피해신고도 크게 증가하는 추세에 있다. 배우 이선균씨와 김민희씨가 출연해 많은 관심을 받았던 영화 〈화차〉처럼 불법사채 이용, 보험사기, 보이스피싱 등으로 인한 피해사례가 각종 드라마 및 영화의 주요 소재로 활용되기도 하였다.

통상 불법사금융 이용자는 감당할 수 없는 고금리 부채를 안고 있어 계속 부채가 증가하고 불법적 채권추심에 시달리는 악순환이 심화된다. 불법사금융의 피해가 갈수록 심해짐에도 불구하고 사금융 이용자들은 통상 어려운 경제적 상황과 보복 때문에 신고를 기피하여 적발도 어려웠다.

그래서 금융감독원은 불법대출사기 등 4대 금융범죄 예방 캠페인을 2011년부터 전개해 왔다. 이런 경험을 바탕으로 2012년 4월부터는 금감원은 검찰과 경찰, 서민금융기관, 법률구조공단 등 관련기관과 합동으로 '불법사금융 피해신고센터'를 운영하고 있으며, 접수·상담과 단속을 병행하여 현재까지 중단 없이 시행하고 있다.

불법사금융피해신고센터 운영

불법사금융피해 신고 안내 포스터

2012년 4월 불법사금융 피해신고센터 설치 이후 2012년 12월까지 총 9만 1,000여 건의 상담 및 피해신고가 접수되었는데, 그중 금융감독원에 접수된 건은 8만 6,000여 건으로 수사의뢰 또는 금융·법률지원 요청의사를 표시한 피해신고자는 1만 3,000여 명이고, 피해액은 1,081억 원에 달한다.

신고센터에 접수된 내용을 살펴보면 유형별로는 대출사기 2만 2,537건(26.2%), 보이스피싱 6,344건(7.4%), 고금리 6,293건(7.3%) 위주의 상담·신고가 많았으며, 피해신고는 대출사기, 불법중개수수료, 고금리 등에 집중되어 있다.

신고형태 및 유형별 접수현황

(단위 : 건, %)

구분	대출사기	보이스피싱	고금리	불법채권추심	불법중개수수료	기타피해*	제도상담 등	전체	비율
일반상담									
건수	16,660	6,344	4,737	3,500	1,796	2,957	36,892	72,886	(84.8)
비율	(22.9)	(8.7)	(6.5)	(4.8)	(2.5)	(4.0)	(50.6)	(100.0)	
피해신고									
건수	5,877	–	1,556	676	2,591	2,384	–	13,084	(15.2)
비율	(44.9)	–	(11.9)	(5.2)	(19.8)	(18.2)	–	(100.0)	
계									
건수	22,537	6,344	6,293	4,176	4,387	5,341	36,892	85,965	(100.0)
비율	(26.2)	(7.4)	(7.3)	(4.9)	(5.1)	(6.2)	(42.9)	(100.0)	

* 기타피해 : 미등록 대부업, 불법 대부광고, 유사수신, 핸드폰 개통 대출 등

불법사금융의 피해는 매우 심각했다. 피해자가 빌린 돈 2,200만 원을 갚지 못하자, 1년여 동안 욕설과 함께 11회에 걸쳐 폭행하고, 50여회에 걸쳐 새벽시간에 찾아가 생매장한다고 협박하는 한편, 1만 6,235건의 전화통화와 문자메시지로 불안감을 유발한 불법채권추심 행위자가 구속되는 사례도 있다.

또한 특정 금융회사를 사칭해 문자메시지를 보내고, 전화를 걸어 온 349명에게 신용보증약정비 명목으로 돈을 입금하라고 속여 총 10억 6,500만 원을 편취한 기업형 대출사기 조직이 적발되기도 하였다.

신고센터에 근무하는 금융감독원과 금융회사 파견 직원들은 매일 밤 12시까지 신고전화를 접수하는 고된 일과 속에서 보람을 느끼곤 한다. 월 120만 원의 낮은 월급을 받으면서 중소기업체에 다니던 한 근로자는 평소 생활비 충당도 힘든 상황이었으나 2009년에 자녀의 결혼자금에 쓰기 위해 3개 대부업체에서 1,000만 원을 대부이율 44%에 대부받아 이용해 왔었다.

하지만 대부업체가 수시로 연락하고 강압적인 말투의 추심에 심적 고통을 겪던 중 금융감독원에 피해사실을 신고했다. 이 근로자는 피해사실을 피해신고센터에 전화하였고 상담을 통해 한국자산관리공사의 고금리 전환대출인 연 11%대의 '바꿔드림론'을 소개 받았다. 대부업체 채무를 변제하게 되어 더 이상 압박에 시달리지 않고 편안하게 생업에 종사할 수 있게 된 것이다.

2012년 4월 18일 불법사금융피해 신고를 시작한 이래 처음 한 달간 신고자 연령정보가 입력된 신고 8,191건을 분석한 결과 경제활동 연령대인 30~50대가 대부분(81.7%)을 차지하고 있다. 또한, 20~30대 청년층이 차지하는 비율이 37.6%로 높은 것은 젊은 대학생들도 불법사금융으로부터 안전하지 않다는 것을 말해준다.

연령대별 접수현황

(단위 : 건, %)

구분	20대	30대	40대	50대	60대	70대 이상	계
건수	828	2,256	2,345	2,089	560	113	8,191
비율	10.1	27.5	28.6	25.6	6.8	1.4	100.0

* 연령대 정보가 입수된 8,191건 기준

불법사금융 척결대책의 추진 성과

Q 정부와 금융감독원이 추진한 불법사금융 척결대책의 추진성과와 향후 과제는?

정부는 불법사금융 척결 대책을 통해 관련자 총 1만 702명을 검거하여 이 중 290명을 구속하였고, 탈세혐의가 있는 고리대부업자 352명에 대해 세무조사를 실시하여 탈루세금 2,866억 원 추징하였다. 또한, 금융감독원과 지방자치단체는 대부업법 위반행위에 대한 현장 점검과 지도를 통해, 3,262건의 등록취소·영업정지 등 행정조치를 부과하였다.

아울러 불법사금융 단속으로 서민금융이 위축되지 않도록 서민금융 공급규모를 3조 원에서 4조 원으로 확대하고, 지원요건을 개선하는 등 기존 서민금융제도를 보완하였다.

그리고 불법사금융 피해자 1,873명에게 법률상담을 지원하였고, 불법사금융 피해자가 원할 경우 소송 시작부터 마무리까지 국가가 일괄하여 수행하는 체계를 구축하여, 부당이득반환 및 채무부존재확인 등 소송을 희망하는 피해자 550명에게 소송대리를 지원하기도 했다.

금융감독원도 52개 대부업체 관련 총 617건의 신고내용에 대해 불법행위 여부를 특별 점검하고, 그중 233건에 대해서는 이자율 인하·채무조정을 통해 약 2억 1,000만 원을 지원하였다. 그리고 대출경로를 파악하여 불법 대출중개수수료 905건, 총 23억 원을 반환하도록 조치했다.

또한 보이스피싱 피해방지를 위해 300만 원 이상 현금입금시 10분간 인출지연, 공인인증서 재발급 및 인터넷뱅킹으로 계좌이체시 지정 단말기 이용 등 추가 보안절차를 도입하였다.

피해신고기간 중 금융감독원은 〈알기 쉬운 보이스피싱 이야기〉 4만 부를 발행하여 보이스피싱의 대처 방법을 널리 알리는 등 불법사금융 피해예방을 위한 대국민 홍보활동을 광범위하게 전개하였다. 그 결과 대다수 국민들은 정부와 금융감독원이 추진하고 있는 불법사금융 척결대책 추진이 바람직하다고 평가해 주었다.

이 같은 대응은 불법사금융업체의 활동기반을 크게 약화시켰고, 불법사금융의 위험성에 대한 국민적 관심을 높였다. 불법사금융에 대한 인식 확대는 법정 최고금리(연 39%)를 초과하는 이자부담은 무효라는 사실과 불법적인 빚 독촉행위에 대한 대응 요령 등 피해예방에 대한 국민의 이해도 향상으로 이어졌다. 모르면 이용할 수 없는 서민금융상품에 대한 인지도 상승도 이번 불법사금융 척결대책의 중요한 성과 중 하나로 평가된다.

2013년에도 빠른 경기회복이 어려울 것으로 예상된다. 서민의 어려움은 지속되어 그 반작용으로 불법사금융이 쉽게 줄어들기 어려울 것 같다. 따라서 금융감독원은 이번에 유관기관과 함께 구축한 '피해신고-수사·단속-금융지원'으로 이어지는 불법사금융 피해구제시스템을 확고히 하고, 피해 신고센터를 상시적으로 운영하여 불법사금융으로부터 서민을 보호하고 지원하는 데 최선을 다할 것이다.

불법사금융 척결대책 성과보고회 현장

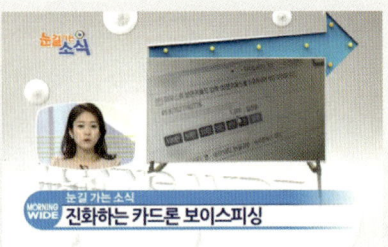
SBS '출발 모닝와이드'에서 보이스피싱 피해실태를 보도하고 있는 장면

현명한 소비자의 금융상품
선택 도우미 : 금융소비자 리포트

금융소비자 리포트의 발간 계기
'변액연금보험 수익률 논쟁'

Q 2012년 4월 금융소비자연맹과 생명보험협회가 변액연금보험 수익률 산정방식을 놓고 격론을 벌였다. 이에 대한 금융감독당국의 시각은 어떠한지?

2012년 4월 4일 금융소비자연맹이 22개 생명보험회사의 변액연금보험[1] 상품 60개의 보험료와 수익률 등을 분석하여 어느 회사 상품이 좋은지를 비교·평가한 보고서를 발표하였다. 이 보고서는 '변액연금보험, 어느 상품이 좋은가? 상품 실효수익률 평균 물가상승률에 못미쳐'라는 제목으로 공정거래위원회의 '비교공감' 사이트에 게재되었다.

공정위가 발간하는 소비자리포트 '비교공감'
제2012-2호의 개요 화면

금융감독원의 〈금융소비자 리포트〉 제1호 연금저축에 대한 신문의 기사내용

---

[1] 변액연금보험 : 보험료 중 일부가 특별계정에 투입되어 투자·운용되어 실적에 따라 연금액이 변동되는 상품으로, 사망보장 등 위험을 보장하는 보험 기능이 결합되어 있음

이 보고서에서는 판매중인 60개 변액연금보험 상품 중 54개의 실효수익률이 평균 물가상승률 3.19%에 미치지 못하고, 또 전체 상품의 40% 정도는 10년이 경과한 후에 해지하여도 원금도 돌려받지 못한다고 소개하고 있다. 당시 변액연금보험 신규 가입은 급격히 줄어들고 가입자의 민원이 크게 증가하면서 커다란 사회적 파장을 불러일으켰다.

생명보험협회는 금융소비자연맹이 위험이 보장되고 사업비가 초기에 많이 집행되는 경향이 있는 변액보험의 특성을 고려하지 않았다고 반발했다. 금융소비자연맹이 펀드설정일과 관계없이 모든 펀드를 10년 가입 기준으로 가정하고 10년이 지나지 않은 펀드는 단기실적을 기준으로 미래 수익률을 가정함으로써 수익률을 왜곡 산출하였다고 지적하였다.

변액보험 수익률 논쟁의 본질은 수익률 계산방식의 정오(正誤)가 아니다. 근본적인 원인은 공급자 위주의 마인드에 있다. 그 동안 보험회사들이 복잡한 보험상품에 대해 충분하게 설명하지 않았고, 보험금을 지급하는 과정에서도 명쾌하지 못했던 부분들이 누적되어 소비자들의 불신과 불만이 터져 나온 것이다.

변액연금보험 수익률 논쟁은 소비자 주권시대가 도래하고 있음을 보여주는 대표적인 사례이다. 이러한 시대적 변화에 부응하기 위해서는 보험회사의 경영마인드도 공급자(보험회사) 중심에서 수요자(금융소비자) 중심으로 전환해야 한다.

보험회사들 스스로 보험상품의 투명성을 높이고 부정적 인식을 제고해서 소비자의 신뢰를 회복할 수 있는 방안을 마련하고 노력할 필요가 있다.

보험상품의 사업비나 수익률 등에 대해서 객관적인 자료를 공시하고 그 자료를 바탕으로 설명해 주는 것부터 해야 한다. 이는 꼭 보험회사에만 국한된 얘기가 아니라 전체 금융회사에 해당한다.

금융감독원도 마찬가지다. 우선 이렇게 비판적인 주장들이 제기되게 된 배경이 무엇인지를 검토하고 개선이 필요한 사항이 있는 경우 개선해 나가야 한다. 예를 들면 보험요율을 조정할 때 인상요인을 그대로 반영하지 말고 자체 비용절감 등을 통해 인상요인을 보험회사가 자체적으로 해결하려고 노력하도록 유도하여 보험료 인상을 최소화할 필요가 있다. 그 외에도 변액연금의 수익률을 높일 수 있는 방안도 모색하여야 한다.

변액연금보험 수익률 논쟁은 또한 무엇보다도 소비자가 합리적으로 금융상품을 선택할 수 있도록 금융상품에 대한 설명을 강화하고 상품공시 내용을 이해하기 쉽게 개선할 필요가 있다는 점을 일깨워 준 것이다.

금융감독원은 변액연금보험 수익률 논쟁을 계기로 금융상품점검 T/F를 가동하여 변액연금보험뿐만 아니라 소비자의 권익을 침해하는 금융상품들의 현황을 파악하였다. 불합리한 약관 보완, 상품공시 투명성 강화, 가격구조 및 수수료 체계 개선, 정보제공 강화 등 개선방안도 도출하였다.

2012년 4월에는 보험 판매수수료 관련 규정을 개정해서 계약초기에 과다한 판매수수료 지급을 억제하도록 함으로써 낮은 해약환급금에 대한 소비자 불만을 완화시켰다. 앞으로도 금융감독원은 소비자에게 불합리한 제도 및 관행을 지속적으로 개선하여 소비자 및 취약계층의 경제적 부담을 완화할 수 있도록 노력할 것이다.

금융소비자 리포트 발간과 금융상품 공시 강화

Q 금융상품을 비교하는 〈금융소비자 리포트〉가 발간되었다고 하는데, 그 배경은 무엇이고 소비자 입장에서 어떤 의미가 있는지?

변액연금보험 수익률 논란은 금융소비자들이 금융회사에 비해 얼마나 정보력과 교섭력이 부족한지를 여실히 보여주었다. 또한 금융소비자에게 공신력있고 객관적인 입장에서 금융상품을 꼼꼼히 비교해서 설명해 주는 매체의 필요성을 상기시켜 주었다.

우리나라의 금융소비자가 정보의 비대칭성을 극복하고 합리적인 선택을 할 수 있도록 도와주는 매체로서 〈금융소비자 리포트〉를 발간하게 되었다. 미국의 컨슈머리포트가 그 모델이 되어 주었다.

금융소비자 리포트(제 1호) 연금저축편

금융소비자 리포트(제 2호) 자동차금융편

금융감독원이 2012년 10월에 발간한 〈금융소비자 리포트〉 창간호는 '연금저축'을 주제로 하고 있다. 그 창간호에 맞추어 '연금저축 통합공시 시스템'도 오픈하였다. 그동안 소비자들이 궁금하게 생각했던 연금저축의 수익률, 수수료 등을 금융회사별, 상품별로 편리하게 확인할 수 있도록 만들었다. 금융감독원 포탈사이트(www.fss.or.kr)에서 '연금저축 통합공시' 배너를 클릭하면 통합공시 사이트로 이동하므로 누구든지 쉽게 이용할 수 있다.

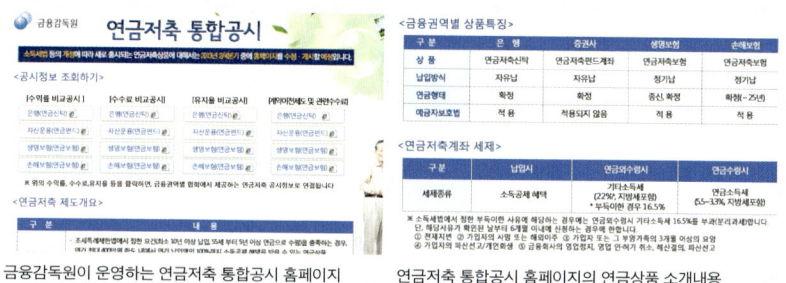

금융감독원이 운영하는 연금저축 통합공시 홈페이지   연금저축 통합공시 홈페이지의 연금상품 소개내용

〈금융소비자 리포트〉를 통하여 금융상품 정보나 지식 부족으로 인해 발생할 수 있는 금융소비자 피해와 분쟁을 사전에 예방하고, 정확성 및 신뢰성 있는 정보를 제공함으로써 소비자 효용이 증대될 것이다. 아울러 금융소비자와 금융회사 간 정보 비대칭성도 해소되어 금융회사에 대한 원활한 시장 감시기능(Market Discipline)도 확립될 것으로 기대된다.

〈금융소비자 리포트〉의 주제는 민원 및 여론동향 등을 참고하여 금융소비자의 피해가 우려되거나 사회적으로 이슈가 되는 금융상품 위주로 선정하였다. 주제선정 및 작성과정에서 수시로 금융업계, 소비자단체, 금융소비자 등 다양한 이해관계자의 의견을 수렴하여 객관성과 공정성을 확보하였다.

금융소비자 리포트에 담긴 정보들

Q 금융감독원에서 〈금융소비자 리포트〉를 2호까지 발간했는데, 1호와 2호의 주요 내용이 무엇인지?

〈금융소비자 리포트〉 제1호 : 연금저축

우리나라가 본격적으로 고령화 사회로 진입하면서 연금저축에 대한 국민적 관심이 매우 높아지고 있다. 금융회사들은 다양한 연금저축상품을 출시하고 있었지만 이들 상품에 대한 정확한 정보는 상당히 부족한 실정이었다.

이러한 문제를 해소하기 위하여 '연금저축'을 제1호 〈금융소비자 리포트〉의 주제로 선정하였다. 연금저축의 상품특성 및 운용현황 등에 대한 정보를 제공함으로써 금융소비자들이 본인에게 가장 적합한 상품을 선택할 수 있도록 돕고자 함이었다.

〈금융소비자 리포트〉는 금융소비자의 눈높이에 맞추기 위하여 연금저축과 관련된 핵심내용 11가지를 이해하기 쉽도록 묻고 답하는 형식으로 꾸며졌다. 금융권역 및 금융회사별 연금저축상품 수익률과 수수료에 대한 정보, 연금저축상품의 개념, 권역별 판매상품의 차이점, 세제혜택 및 계약이전제도 등 소비자가 궁금해 하는 다양한 정보들을 담고 있다. 또한 연금저축 상품가입시 반드시 확인해야할 필수 7가지 체크리스트도 제시하고 있다.

금융권역별 연금저축상품 특징

구분	연금저축신탁 (은행)		연금저축보험 (보험사)		연금저축펀드 (자산운용사)		
	채권형	안정형	생보사	손보사	채권형	혼합형	주식형
자산운용	채권	채권, 주식 10% 미만	제한없음		채권 60% 이상	채권, 주식	주식 60% 이상
적용금리	실적배당		공시이율*		실적배당		
납입방식	자유납입 (매월 정액납입 가능)		매월 정액 납입만 가능		자유납입 (매월 정액납입 가능)		
연금수령	확정기간형 (기간 제한 없음)		확정기간형, 종신형	확정기간형 (최장25년)	확정기간형 (기간 제한 없음)		

* 보험사의 경우 최저 보증이율을 두고 있음

금융감독원은 〈금융소비자 리포트〉에서 한걸음 더 나아가 연금저축 가입 후 발생 가능한 각종 상황에 대한 대응방법을 담은 가이드북도 발간하였다. '연금저축 이럴 때는 어떻게?'라는 제목을 단 책자는 사회초년생, 퇴직자, 자영업자, 맞벌이 부부 등이 각자 처한 상황에 따라 가입 시기, 가입규모 등을 어떻게 조정해야 하는지를 조언해주고 있어 개인의 장기 재무설계에 유용하게 활용될 수 있다.

〈금융소비자 리포트〉 작성 과정에서 일부 금융회사의 연금저축상품 수익률이 상대적으로 낮은 것으로 파악되었다. 이를 계기로 금융감독원은 수익률이 저조한 금융회사에 대해 연금자산 운용방식 등을 면밀히 점검하고 있다. 문제점이 있으면 연금자산 운용관리에 최선을 다하도록 적극적으로 지도하고 있다. 연금저축상품의 수수료 체계의 적정성도 점검하여 수수료가 과도하다고 판단될 경우, 이를 인하토록 권고하는 등 소비자 권익을 지속적으로 강화해 나갈 예정이다.

〈금융소비자 리포트〉 제2호 : 자동차금융

연간 약 120만 명이 이용하는 자동차금융은 상품구조, 금리 및 수수료 체계가 복잡하다. 일부 금융회사들이 이런 점을 악용하여 할부금융의 금리가 싸다고 유인한 후 비싼 취급수수료를 별도로 요구함으로써 소비자 피해가 지속적으로 제기되고 있었다.

또한 여신전문금융회사의 자동차대출(오토론)상품의 평균금리는 은행권 금리보다 높게 형성되어 있다. 특히 할부금융사의 경우 신용등급(5등급 기준)이 같더라도 여신전문금융회사에 따라서는 대출금리가 최고 2배 가량 차이가 나는 실정이다.

이것이 금융감독원은 자동차금융과 연관된 피해방지를 위해 〈금융소비자 리포트〉 제2호의 주제로 '자동차금융'을 선택한 배경이다.

〈금융소비자 리포트〉 제2호에는 금융감독원의 민원 또는 분쟁조정업무 처리과정에서 파악된 자동차금융 관련 주요 피해사례 유형을 소개하고, 이를 예방할 수 있도록 유의사항을 제시하였다. 또한 소비자가 자신에게 적합한 자동차금융 상품을 찾고 가장 유리한 조건으로 이용하기 위해 반드시 확인할 사항도 상세히 안내하였다.

금융감독원은 자동차금융 관련 피해사례에서 나타난 문제점을 토대로 이를 근절하고 소비자 피해를 예방하기 위해 '자동차금융 업무관행 개선방안'을 마련, 시행할 예정이다. 자동차금융 취급시 금리와 별도로 선취하던 취급수수료를 폐지하는 대신 이를 금리에 반영하도록 지도하였다.

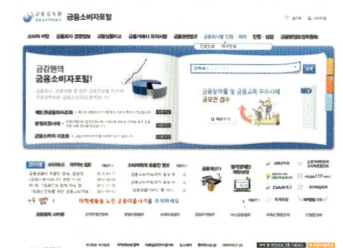
금융소비자보호처 홈페이지

금융소비자보호처 홈페이지의 소비자보호 정보내용

향후 검사를 통해 이행실태를 점검할 예정이다. 또한 중고차 금융시장에서 발생할 수 있는 본연의 대출용도 외로 대출자금을 사용하는 행위, 허위대출 등을 방지하기 위해 제도개선도 추진하기로 했다.

참고로 〈금융소비자 리포트〉는 금융감독원 홈페이지에 수록하여 배포하고 있으며 관련 금융회사 영업점에도 비치하도록 하는 등 금융소비자가 용이하게 접근할 수 있도록 하고 있다.

상호저축은행 부실화와 뼈있는 교훈

상호저축은행 부실화 원인

Q 부실 저축은행 퇴출로 많은 예금주와 투자자들이 손해를 입었는데, 저축은행 부실화의 원인은 무엇인지?

우리가 통상 저축은행이라고 부르는 상호저축은행은 일반인으로부터 예금을 받아 조달한 자금으로 지역 서민 및 중소기업에 대출하는 것을 주요 업무로 하는 지역 중소·서민금융기관[1]이다.

저축은행의 역사는 1972년으로 거슬러 올라간다. 당시 사채업자 등의 사금융이 고금리, 불법채권 추심, 탈세 등 심각한 사회적 폐해를 야기하고 있었다. 이에 정부는 이들을 제도권 금융으로 흡수하여 관리·감독을 강화하기 위하여 상호신용금고법을 제정하였고 이에 따라 설립된 350개 상호신용금고가 시초이다. 이들은 지난 40여 년에 걸쳐 부실화에 따른 영업정지와 구조조정이 반복되면서 3분의2 가량이 정리되어 현재는 93개만이 저축은행으로 영업을 하고 있다. 저축은행의 부실화와 구조조정이 반복된 이유는 저축은행의 태생적 취약성과 규제완화 등이 복합적으로 작용한 데서 찾아 볼 수 있다.

---

[1] 수도권 저축은행에 대해서는 총대출금의 50% 이상을 해당 영업구역 내 개인과 중소기업에 대출하도록 의무화하고 있음. 기타 지방의 저축은행은 40% 이상으로 의무화

저축은행 퇴출에 반발하는 피해자들   영업정지된 미래저축은행을 찾은 한 고객

그 첫째는 저축은행을 이용하는 고객은 은행에서 대출을 받기가 어려운 서민, 영세상공인 등 신용도가 낮은 고객[2]이 대부분이라는 점이다. 경기가 어려울 경우 은행 이용고객보다 채무상환능력이 현저히 떨어져 관련 대출이 쉽게 부실화되는 경향이 높다.

둘째, 자본력이 취약한 개인 대주주가 전횡적인 경영권 행사를 하고 소유와 경영이 분리되지 않아 사외이사 및 감사를 통한 경영견제가 쉽지 않고, 이에 따라 대주주의 변칙적인 경영관여나 불법대출 등이 끊이질 않았다. 그 동안 금융감독당국이 대주주의 불법 행위를 지속적으로 적발하여 제재 등 조치[3]를 취하여 왔으나 불법행위 등이 갈수록 지능적이고 교묘하게 진화되면서 이를 근절하기가 쉽지 않았다.

---

[2] 10개 신용등급 중 하위 6~9등급 고객이 80% 이상 차지

[3] 2006년~2010년 중 금융감독원은 저축은행에 대한 검사를 통해 불법대출 141건(5조 7,000억 원)을 적발, 관련자 문책(570명) 및 검찰 고발(273명) 등 조치를 하였으며, 특히 2011년 하반기 85개 저축은행에 대한 일괄 경영진단 과정에서 불법대출, 재무제표 조작 등 불법행위를 적발하여 관련자 398명을 문책하고, 불법행위자 427명을 검찰 고발

셋째, 저축은행의 취약한 지배구조, 자본력 등을 고려할 때 지속적인 건전성 유지를 위해서는 엄격한 감독이 필요함에도, 이용 고객층의 취약한 신용도 등 현실적 측면을 감안하여 자기자본비율규제, 건전성분류기준, 충당금적립기준 등 은행에 비하여 상대적으로 느슨한 감독기준을 적용하였다. 저축은행 또한 이에 편승하여 거액여신취급에 집중하는 등 리스크관리에 실패함에 따라 경기침체 등 위기발생시마다 부실이 반복적으로 발생하였다.

돌이켜 보면, 과거 외환위기, 신용카드 위기, 글로벌 금융위기 등을 거치는 과정에서 서민금융이 위축되지 않도록 저축은행에 대한 정책적인 지원이나 규제를 완화해 준 것이 결과적으로 대주주·경영진의 도덕적 해이, 무리한 외형확대 등의 빌미를 준 측면이 있으며 정책의 부작용도 낳았다.

은행에 대한 여신금지업종 폐지(1998년 1월)

1998년 이전까지만 해도 제1금융권에 해당하는 은행은 부동산업체나 과소비·향락업체[4]에 대출할 수 없었다. 1974년에 시작된 여신금지업종제도가 그때까지 시행되고 있던 것이다. 이 때문에 은행으로부터 대출을 받을 수는 없었지만 비교적 우량한 사업체들은 저축은행에서 대출을 받았다. 따라서 저축은행은 이들을 주 고객층으로 하여 안정적으로 자금을 운용하여 수익을 얻을 수 있었다.

---

4 1974년부터 골프장, 콘도업, 주점업, 대형(100평 이상) 식당업, 부동산업, 사우나 등 과소비·향락업종으로 분류된 업종들은 은행의 여신대상에서 제외

그러나 1997년 말 외환위기 직후인 1998년 1월 26일 은행에 대한 여신 금지업종제도가 폐지되자 은행들이 저축은행의 주 고객층을 흡수하게 되었고 이로 인해 저축은행은 독자적인 영업기반을 거의 상실하게 되었다.

저축은행 예금보호한도 확대(2001년 1월) 및 명칭 변경(2002년 3월)

1997년 외환위기 이전까지만 해도 은행 예금은 원금과 이자를 합하여 5,000만 원까지 예금보장이 되었으나, 저축은행 예금의 경우 합계 2,000만 원까지만 예금이 보장되었다. 외환위기 당시 금융시장의 불안이 고조됨에 따라 정부는 모든 금융회사에 대하여 전액 예금보호제도를 시행하였다.

이후 2001년 1월 금융시장이 안정되자 모든 금융회사의 예금에 대한 예금보호한도를 5,000만 원으로 일원화하였다.

또한 2002년에는 명칭을 상호신용금고에서 '상호저축은행'으로 변경하였다. 이러한 정책은 저축은행에 대한 고객들의 인지도를 높여주었다. 저축은행은 예금보호제도를 바탕으로 고금리의 대규모 예금을 유치함에 따라 고수익을 올리기 위하여 자금을 고위험 자산에 운용하였다. 이러한 환경은 저축은행의 부실화 위험을 키우는 단초가 되었다.

저축은행 간 인수 허용(2005년 12월)

저축은행이 다른 저축은행을 인수할 수 있도록 허용함에 따라 예금보험기금의 투입 없이 사전에 부실화가 우려되는 저축은행의 경영정상화를 도모하고, 규모의 경제를 통한 서민금융 확대 유도 등 긍정적인 효과도 있었다. 그러나 저축은행의 자산 확대, 계열사 간 공동대출 등을 통한 상호 연계성 강화로 계열저축은행의 동반 부실 가능성이 높아지는 등 부정적 측면도 발생하게 되었다.

우량 저축은행 신용공여한도 확대(2006년 6월)

2006년 6월 금융감독당국은 BIS비율 8% 이상, 고정이하여신비율 8% 이하 저축은행에 대해서는 동일인 여신한도(자기자본 20% 및 80억 원) 규제를 폐지하였다. 이로써 이 조건을 충족하는 저축은행은 자기자본의 20%까지 개별차주(법인)에게 신용을 공여할 수 있게 되었다.
저축은행의 건전성을 높이고 자본확충을 유도하는 긍정적 효과도 있었으나, 다른 한편으로는 대출한도 확대가 고위험 PF대출을 확대시키는 요인으로 작용하여 부실을 초래하기도 하였다.

시장자율 M&A 추진(2008년 9월)

2008년 하반기 미증유의 글로벌 금융위기로 금융감독당국은 우선 은행의 자금중개기능 붕괴 방지 등 은행 정상화에 집중 대처하고 있었다.

저축은행의 경우 당시 급박한 시장상황과 예금보험기금의 저축은행계정 적자(△1조 9,000억 원)에 따른 구조조정 여력 부족을 고려하여 저축은행간 자율적 M&A를 촉진하는 방안을 시행하였다. 이를 통해 8개 부실저축은행은 우량 저축은행에 자회사 형태로 피인수되어 정상화[5]되었다. 하지만 비대해진 저축은행 계열사들은 증가한 수신 자금을 특정 사업장 또는 유가증권에 집중 투자하였다. 부실은 확대되었고, 대주주들은 부실을 숨기기 위해 차명 등을 이용하여 불법대출을 자행하였다.

규제완화 추세에 따른 현장 검사업무 위축

2005년 이후 '원칙중심(Principle Based) 감독' 등 세계적인 규제완화 추세에 따라 금융감독당국의 검사방식이 임점검사 위주에서 벗어나 서면점검이 활성화되었다. 또한 금융회사의 수검부담 완화 등을 위해 제재·적발 보다는 컨설팅 위주의 검사를 실시하면서 불법·고위험 대출 등을 적기에 적발하여 사전에 차단하지 못한 사례가 발생하기도 하였다.

검사인력 및 검사수단의 한계 등

금융감독당국의 검사인력이 제한되어 있어서 통상 2~3년마다 실시되는 검사주기가 길어졌다. 검사대상도 저축은행 및 저축은행 임직원으로 한정되어 있다.

---

[5] 부실저축은행을 건전한 인수자가 인수하여 경영정상화를 추진하는 경우에는 영업구역 외 지점 설치를 허용

이로 인해 대주주가 다른 사람의 명의를 이용하여 대출을 일으킨 혐의가 있더라도 수사기관과 달리 금융감독당국은 대주주나 명의를 빌려준 자[6]에 대해서는 검사를 할 수 없는 한계가 있다.

또한 대주주 등의 불법행위가 날로 지능화·복잡화되어 금융감독당국이 쉽게 적발하기도 어려운 게 현실이다. 금융감독당국의 자금추적은 그 대상 및 방법이 금융실명거래법상 엄격히 제한[7]되어 있어 시일이 많이 소요되며 통상 20단계 이상의 자금추적 절차가 진행된다.

영업 정지된 일부 저축은행의 사례를 보면, 이중장부 사용, 전산 조작, 다른 사람의 명의를 이용한 자금세탁 등이 수사 과정에서 드러났는데 이들은 통상 내부 직원의 제보 없이는 적발하기가 쉽지 않은 실정이었다.

---

[6] 저축은행 사태를 계기로 금융감독당국이 대주주에 대해서도 직접 검사할 수 있도록 법 개정 건의

[7] 금융감독원의 금융거래정보 제공 요구는 법규에서 정한 표준양식에 의하여 특정 점포, 특정 계좌에 대해서만 요구할 수 있으며 특정인의 전 금융회사 거래정보를 일괄 요구는 불가(수사기관, 국세청 등은 포괄계좌추적권 보유)

상호저축은행 부실 문제 해결을 위한 노력

 Q 상호저축은행 부실화에 대한 우려가 오래 전부터 있어 왔는데 이에 대한 금융감독당국의 대응은?

2008년 글로벌 금융위기는 전 세계의 금융시스템이 붕괴되는 상황이었고, 우리나라도 예외가 아니었다. 우리나라에서는 주가가 반 토막 났고, 외환보유고는 600억 달러나 급감했으며, 원/달러 환율은 급속히 치솟았다. 우리나라의 국가신인도를 가늠하는 CDS 프리미엄은 14배나 올라 제2의 외환위기나 국가부도 위기가 닥칠 것 같은 상황이 전개되고 있었다.

금융감독당국은 글로벌 금융위기가 1997년의 외환위기와 같은 시스템 리스크로 확산되는 것을 막기 위해 감독역량을 우선적으로 은행의 금융중개기능 회복[1]에 집중하였다.

글로벌 금융위기 당시 우리나라 금융·경제 상황

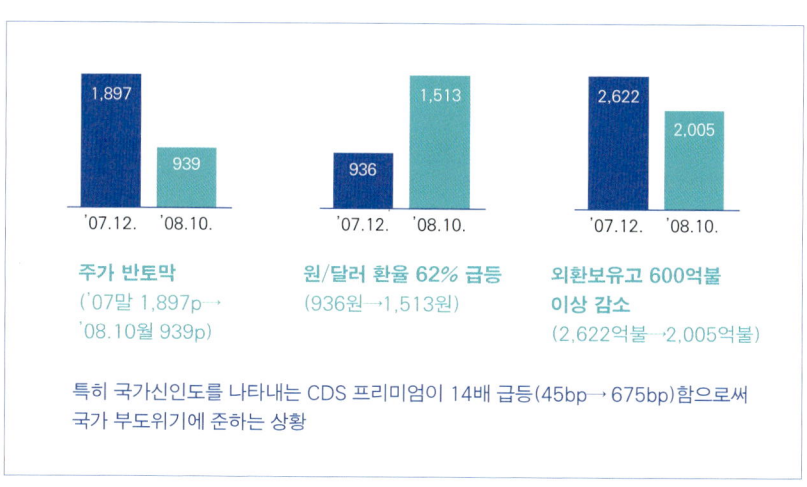

은행과 달리 저축은행의 경우 예금보험기금이 적자인(△1조 9,000억 원) 상태에서 자금지원이 곤란하였다. 이에 따라 저축은행 문제가 금융위기 극복에 걸림돌로 작용하지 않도록 저축은행 부실의 선제적 정리보다는 단계적 연착륙 정책[2]을 추진함으로써 큰 충격 없이 글로벌 금융위기를 극복할 수 있었다.

2009년 하반기 이후 금융위기가 진정되고, 금융시장이 안정됨에 따라 부실 저축은행 정리 및 건전성 감독기준 강화를 추진하였다. 이후 부동산 경기 침체가 장기간 지속됨에 따라 금융위기 이전부터 부동산 관련 대출에 편중되었던 저축은행으로서는 건전성이 크게 악화될 수밖에 없는 상황이었고, 이는 시장 불안요인으로 작용하였다. 이에 대응하여 저축은행에 대한 규제와 건전성 감독기준을 강화하는 등 부실재발 방지를 위한 대책을 마련[3]하였다.

이와 함께 민감한 금융시장 및 부동산 경기 침체를 고려하여 단계적 구조조정 정책을 추진하였다. 우선 부실우려 저축은행에 대해서는 대주주 증자 등 철저한 자구노력을 유도하여 연착륙을 추진함과 동시에 회생이 불가능한 저축은행에 대해서는 적극적인 구조조정으로 시장안정을 도모하였다.

---

[1] 은행 외화차입의 원활화를 위하여 국회 동의하에 정부가 추진한 1,000억 달러의 외화지급보증(2008년 10월), 5조 원의 채권안정펀드 조성(2008년 12월), 20조 원의 자본확충펀드 조성(2009년 2월), 40조 원의 금융안정기금 조성(2009년 4월) 등

[2] 부실저축은행 인수 인센티브 부여 등을 통한 시장자율 M&A 추진, PF대출을 캠코에 환매조건부 매각, 대손충당금 적립 강화시기 1년 유예 등

[3] 대주주 정기 적격성 심사제도 도입, 임원결격요건 강화 (2010년 9월), BIS비율 지도기준 및 적기시정조치 기준을 상향조정 (2010년 9월), PF대출 사업성 평가를 반영한 건전성 분류기준 도입 (2010년 8월), 금융거래질서에 반하는 상품을 개발·판매하는 것을 사전 규제하기 위하여 약관심사제도 도입 (2010년 9월) 등

그 결과 부실 저축은행은 자산규모에 관계없이 구조조정 대상이 된다는 경각심과 함께 대주주·경영진의 불법행위를 엄단한다는 경종을 울림으로써 저축은행 업계를 각성시키는 계기로 작용하였다.

이로써 저축은행은 1972년 상호신용금고법 제정 이후 350개 저축은행이 인가를 받아 영업을 하였으나 외환위기(1997년), 신용카드위기(2003년) 및 글로벌 금융위기(2008년)를 거치면서 2013년 3월 말 현재 92개(△258개)로 감소하였다.

연도별 영업정지 저축은행 현황

(단위 : 개)

'97 (A)	영업정지 저축은행 수						'13 (B)	증감 (A-B)
	'98~'00	'01~'07	'08~'10	'11~'12	'12~'13	소계		
231	△88	△22	△5	△24	△2	△141	92	△139

* 영업정지 개수(△141개)와 증감 개수(△139개)의 차이는 가교저축은행의 설립 등에 따른 것임

한편 금융감독원은 2011년 6월 20일부터 영업정지 저축은행의 후순위채권 투자자의 부당한 피해를 최소화하기 위해 금융감독원 본원 및 5개 지원·출장소에 '영업정지 저축은행 후순위채권 불완전판매 신고센터'를 설치·운영하고 있다. 금융감독원은 동 신고센터에 접수된 민원에 대해서는 사실관계 확인을 거쳐 민원·분쟁조정절차를 통해 후순위채 불완전 판매 피해자를 구제하는 등 금융소비자의 피해 구제를 위하여 노력하고 있다.

상호저축은행 구조조정 경과

Q 2011년 삼화저축은행 부실로 촉발된 저축은행 구조조정은 어떻게 진행되어 왔는지?

금융감독당국은 2011년부터 2013년 4월까지 부실화된 저축은행 27개를 정리하였다. 2011년 1월 14일 부채가 자산을 초과하고 자체 정상화도 어려워진 삼화저축은행에 대해 영업을 정지시킨 것이 시발탄이 되었다.

금융감독당국은 이 조치로 인해 저축은행업계에서 예금인출사태가 발생할 것을 예견하여 저축은행중앙회로 하여금 저축은행에 대한 유동성 지원자금 3조 원을 확충하도록 하여 대규모 예금인출사태에 대비하였다.

실제로 삼화저축은행에 대한 영업정지 조치 이후 저축은행에 대한 불안감을 키워 일부 저축은행에서 예금인출이 쇄도하였다. 그 여파로 2011년 상반기 중 부산저축은행 등 8개 저축은행이 유동성 부족 상태에 직면하였고 이들은 영업정지조치를 받아 정리되었다.

한편에서는 부동산 경기침체가 지속되면서 대규모 부동산 개발사업에 투자하거나 PF[1] 대출을 보유한 저축은행의 건전성이 계속 악화되고 있었다. 금융감독당국은 저축은행의 자구노력을 지원하고자 저축은행이 PF 대출채권을 자산관리공사 등에 매각하여 유동성을 조달할 수 있는 길을 만들어주었다.

---

1 PF (Project Financing) : 특정 프로젝트에서 발생하는 현금흐름을 상환재원으로 하여 자금을 조달하는 금융기법

그 후속조치로 금융감독원은 매각 가능한 PF 대출채권을 선별하기 위해 모든 PF 사업장에 대한 평가작업에 들어갔다. 2011년 6월 금융감독원 검사역들은 89개 저축은행이 7조 원 가량 투자한 전국의 469개 PF 사업장을 일일이 방문하여 사업성을 평가하였다.

3조 4,000억 원의 PF 대출채권이 부실이 우려되거나 부실화된 채권으로 평가되었다. 이 가운데 소송이나 경매 진행으로 매각이 불가능한 부분을 제외한 1조 9,000억 원의 채권을 자산관리공사와 구조조정기금에서 매입해주었다. 이를 통해 45개 저축은행이 유동성을 확보할 수 있게 되었다.

물론 부실 PF채권을 매각한 저축은행에 대해서는 강도 높은 자구노력을 요구하였다. 동 저축은행에 대하여 2011년 7월 말까지 금융감독원과 경영개선협약(MOU)을 체결하도록 한 것이다. 경영개선협약에는 대주주에 의한 증자 실시, 우량자산과 계열사 매각, 조직과 인력 구조개선은 물론 배당 제한, 지점 설치 제한 등이 망라되어 있었다.

이와 같은 구조조정에도 불구하고 2011년 하반기 들어 저축은행의 추가 부실화 우려가 확산되었다. 예금자들의 불안심리가 증폭되며 예금 인출 사태가 모든 저축은행으로 확산될 우려가 나타났다.

금융감독당국은 즉각적으로 85개 저축은행에 대해 전면적인 경영진단에 돌입하였다. 경영진단은 2011년 7월부터 두 달 이상 계속되었다. 금융감독원을 중심으로 20개 경영진단반에 약 340명의 검사인력이 대거 투입되었다.

경영진단반은 각각 4~5개 저축은행의 자산건전성 분류 상태와 BIS비율 등을 강도 높게 점검하였다. 경영진단의 공정성을 확보하고 경영진단반 간의 편차를 없애기 위해 순회지도반을 운영하여 경영진단에 만전을 기하였다.

경영진단 결과에 따라 2011년 9월 금융감독당국은 BIS자기자본비율이 5% 미만이거나 부채가 자산을 초과하여 적기시정조치 대상에 해당한 13개 저축은행에 대해서는 경영개선계획을 제출하도록 하였다. 외부전문가로 구성된 경영평가위원회 등에서 대주주와 경영진을 면담하고 경영개선계획의 이행가능성을 심의하였다.

금융위원회는 경영진단 결과와 경영평가위원회의 심의내용을 종합하여 제일, 프라임, 대영, 에이스, 파랑새, 토마토, 제일2 등 7개 저축은행을 부실금융회사로 지정하고 영업을 정지시켰다. 나머지 6개 저축은행에 대해서는 적기시정조치 유예 등 조치를 부과하여 일정기간 자체 정상화를 추진하도록 하였다.

이들 6개 저축은행에 대해서는 경영개선계획 이행실태를 점검하는 한편 추가부실 발생여부 등을 검사하였다. 이후 경영평가위원회 심의가 진행되었다. 금융위원회는 심의 결과에 따라 2012년 5월 솔로몬, 한국, 미래, 한주저축은행을 추가적으로 부실금융회사로 결정하고 영업을 정지시켰다.

이와 같은 일괄 경영진단에 따른 구조조정이 마무리됨에 따라 금융감독당국은 2012년 하반기부터 일괄 구조조정에 따른 혼란 및 예금자 불편 최소화를 위해 상시 구조조정 체제로 전환하였다.

우선 부실 우려 저축은행에게 정상화 기회를 부여하되, 정상화에 실패한 저축은행에 대해서는 주말을 이용하여 예금계약을 정상적인 저축은행으로 이전시키고 정리하기로 한 것이다.

2012년 하반기부터 2013년 4월까지 토마토2 등 7개 저축은행이 예금보호대상인 5,000만 원 이하의 예금계약을 예금보험공사 산하의 가교저축은행으로 이전시키고 정리되었다. 이 과정에서 예금자들의 불편은 발생하지 않았다.

금융감독당국은 부실화가 우려되는 저축은행에 대해서는 자본 확충 등을 통한 정상화를 유도하고, 부실화된 저축은행은 법과 원칙에 따라 정상화 기회를 부여한 후 상시적인 구조조정을 함으로써 금융시장의 안정을 도모할 방침이다.

2011년 이후 저축은행 구조조정 현황

구분	저축은행	지역(본점)	영업정지일	정리현황 인수자	계약이전일
1차 (2011년 상반기)	삼화	서울	2011. 1.14	우리금융저축은행	2011. 3.16
	부산	부산	2011. 2.17	예솔저축은행*	2011.11.23
	대전	대전		예나래저축은행*	2011. 9. 5
	부산2	부산	2011. 2.19	대신저축은행	2011. 8.26
	중앙부산	서울			
	도민	강원	2011. 2.22		
	전주	전북	2011. 2.19	예쓰저축은행*	2011. 9. 5
	보해	전남			
	경은	울산	2011. 8.15	예솔저축은행*	2011.10.19
2차 (2011년 하반기)	제일	서울	2011. 9.18	KB저축은행	2012. 1.13
	토마토	부산		신한저축은행	2012. 1. 2
	프라임	서울		BS저축은행	2012. 1. 2
	파랑새	부산			
	에이스	인천		하나저축은행	2012. 2. 8
	제일2	서울			
	대영	서울		현대저축은행	2011.11.21
3차 (2012년 상반기)	솔로몬	서울	2012. 5. 6	우리금융저축은행	2012. 9. 5
	미래	제주		친애저축은행	2012.10. 5
	한국	서울		하나저축은행	2012. 9. 5
	한주	충남		예나래저축은행*	2012. 9. 5
상시 (2012년 하반기 이후)	토마토2	부산	2012.10.19	예솔저축은행*	2012.10.19
	진흥	서울	2012.11.16	예한별저축은행 (→ 신한저축은행 합병)	2012.11.16 (2013. 3.20)
	경기	경기	2012.12.28	예한솔저축은행*	2012.12.28
	더블유	서울		예성저축은행*	
	서울	서울	2013. 2.15	예주저축은행*	2013. 2.15
	영남	부산		예솔저축은행*	
	신라	인천	2013. 4.12	예신저축은행*	2013. 4.12

* 예금보험공사가 100% 소유하고 있는 가교저축은행

상호저축은행 경영정상화를 위한 대책

Q 향후 저축은행의 경영을 정상화하여 진정한 서민금융기관으로 자리매김하도록 하는 방안은?

저축은행이 금융권내에서 차지하는 비중은 1.4% 내외로 여타 금융권에 비해 낮아 건전성에 문제가 발생할 경우에도 시스템리스크로 이어질 가능성이 크지 않다. 하지만 지역에 기반을 둔 금융회사이기 때문에 지역주민의 경제활동과 밀접한 관계를 형성하고 있어 부실화시 사회적 파장은 큰 편이다.

따라서 그 동안 누적된 저축은행의 문제를 해소하고, 서민에 대한 자금공급을 담당하는 건전한 지역금융회사로 발전을 유도하기 위하여 다각적인 노력을 기울여왔다.

저축은행 경영에 대한 신뢰회복을 위하여 2011년 3월 '저축은행 경영 건전화를 위한 감독강화 방안', 2011년 7월 '하반기 저축은행 경영건전화 추진 방안', '저축은행 경쟁력 제고 방안', 2012년 9월 '저축은행 건전경영을 위한 추가 제도 개선방안' 등을 마련하고 동 대책들을 차질 없이 추진하고 있다.

대주주 및 경영진의 불법행위 방지

더 이상 대주주 '사금고화'로 인한 경영부실 문제가 발생하지 않도록 대주주 적격성 심사를 통해 대주주 적격성 유지요건을 충족하지 못한 부적격 대주주를 퇴출시키고, 대주주에 대한 직접 검사제도, 대주주 적격성 수시 심사제도를 도입하고, 대주주 및 임원의 자격 요건을 강화해 나갈 것이다.

외형확장 억제 및 건전경영 유도

저축은행의 과도한 외형확장을 억제하고 건전경영을 유도하기 위하여 부실 은폐, BIS비율 왜곡 등을 목적으로 신용공여 제한규정을 우회적으로 회피하는 편법적 신용공여를 금지하고, 저축은행 간 계열화 금지, 여신심사 및 사후관리 강화 등 리스크관리를 강화해 나갈 것이다.

소비자보호 강화

후순위채는 전문투자자 및 대주주 대상으로 하는 사모 발행만을 원칙적으로 허용하고, 일정한 요건을 충족하는 저축은행에 대해서만 증권사 위탁을 통한 공모 발행을 허용하되 저축은행 창구를 통한 직접 판매는 금지하는 등 후순위채 투자자 보호를 강화하고 불합리한 금융관행 개선 및 공시를 강화해 나갈 예정이다.

신속한 구조조정으로 시장불안 요인 제거

부실저축은행이 발생할 경우 부실저축은행에 대한 증자 등 자구노력 유도로 조기 정상화를 도모하고, 회생 가능성이 없는 저축은행은 신속히 퇴출시켜 시장불안 요인을 조기에 제거하도록 할 예정이다.

상호저축은행 신뢰 및 영업력 회복 유도

저축은행이 신뢰를 회복하려면 임직원의 준법·윤리의식 제고, 중앙회의 자율규제 역할 강화, 지배구조 투명성 확보가 필요하다. 이를 위해 금융감독원은 체계적인 여신관리, 안정적인 수익기반 확충, 신용정보·채권회수 집중관리 등을 통해 저축은행이 영업력을 회복할 수 있도록 유도해 나갈 예정이다.

세계로 향하는 우리 금융산업과 일자리 창출

캠퍼스
금융토크
365

 제조업 중심의 경제발전을 이어 온 우리나라. 하지만 미래 산업은 변화하고 있다. 고부가가치 서비스 산업 특히 실물 경제의 파급효과가 큰 금융산업의 육성은 국가경제에 중요한 과제로 인식되고 있다.

새로운 패러다임에 달라진 경제금융 환경에서 금융산업의 역할은 무엇일까?

세계경제포럼(WEF)의 〈금융발전 보고서〉를 보면 2012년 우리나라의 금융발전지수는 142개국 가운데 80위였고, 스위스의 국제경영개발원(IMD)의 〈국제 경쟁력 평가 결과〉에서 우리나라 금융부문의 영업 효율성은 59개국 가운데 25위에 불과하다. 매년 발표하는 세계 1,000대 은행에 들어가는 우리나라 은행은 9개에 불과하고 순위도 높지 않다.

하지만 우리 금융산업이 경제에 차지하는 비중은 다른 나라에 비해 낮지 않다. 부가가치 기준으로 GDP에서 금융업이 차지하는 비중은 2000년대 평균 6.8%로 이는 OECD 국가 평균인 6.3%보다 높은 것이다.

금융산업은 그 자체로 성장잠재력이 높은 데다 고부가가치 지식기반 서비스업의 성장을 견인할 수 있고 양질의 고용창출이 가능해 국민경제에 대한 기여도가 높다.

그러나 현재 국내 금융회사들은 영업구조에 큰 차이가 없는 데다가 해외 부문의 수입 창출 능력이 미흡한 것도 문제로 지적된다.

글로벌 금융위기 이후 우리나라 금융산업 경쟁력을 강화하기 위한 새로운 발전전략이 요구되고 있다.

금융산업은 기업과 실물경제의 지원이라는 본연의 역할과 함께 신(新)성장산업의 확대, 달라진 경제·금융환경을 반영하고 기업과 개인의 다양해진 금융수요를 어떻게 충족시켜 나갈지 고민해야 할 때이다.

우리 금융산업의 현주소와 글로벌화

우리 금융산업의 글로벌 경쟁력

Q 해외에서 벌어들이는 수익, 생산성, 해외점포, 전문인력 확보 등 다양한 각도에서 비교할 경우 우리 금융산업의 글로벌 경쟁력은 어느 정도 수준인가?

금융산업의 중요성

우리 몸이 뼈와 혈액 그리고 각종 장기들로 구성되어 있듯이 우리 산업사회도 규제기관(정부), 산업체, 그리고 금융 등으로 얽혀 있다. 금융은 우리 몸의 혈액과 같은 역할을 한다.

금융은 기능적인 면에서 자금의 수요자와 공급자를 연결하는 중개기능을 수행하며, 이 과정에서 사회 전체의 후생을 제고하게 된다. 자금을 보다 생산적인 쪽으로 흐르도록 함으로써 효율적인 자원배분 기능을 수행할 뿐만 아니라 차입을 통한 소비를 가능하게 하여 이용자의 효용도 크게 증가시킨다. 이러한 공적 성격 때문에 제조업과는 달리 금융회사를 '금융기관'이라 부르기도 한다.

아울러 금융산업은 양질의 고용창출과 생산성이 높은 고부가가치 산업으로 여타 산업에 미치는 영향이 크고 국가경제에 차지하는 비중이 높은 중요 기간산업이다. 다수의 이해관계자가 존재하는 금융산업이 부실화될 경우 금융시스템은 물론 국가경제 전반에 미치는 파급효과가 크기 때문에 금융감독당국으로부터 체계적인 규제·감독을 받고 있다.

우리 금융산업의 국제 경쟁력 수준

우리 금융산업은 글로벌 금융위기와 유럽 재정위기 같은 대외적인 충격에도 불구하고 비교적 안정적인 모습을 보이고 있다.

한·중·일 국가신용등급 비교

(2013년 3월 현재)

	무디스	S&P	피치
한국(Korea)	Aa3	A+	AA-
중국(China)	Aa3	AA-	A+
일본(Japan)	Aa3	AA-	A+

특히 2012년 들어 S&P나 무디스와 같은 세계적인 신용평가회사들이 우리나라와 국내 은행들의 신용등급을 잇달아 상향 조정[1]하고 있다는 사실이 바로 우리나라 금융산업의 양호한 건전성을 잘 보여준다고 하겠다.

양적인 측면에서는 2000년부터 2012년까지 은행 총자산은 3.3배, 주식시장 시가총액은 5.5배 증가하는 등 괄목할 성장을 이루었다.

---

[1] Moody's(2012년 8월) : A1→Aa3 / Fitch(2012년 9월) : A+→AA- / S&P(2012년 9월) : A→A+

질적인 측면에서는 1997년 외환위기 이후 부실 금융회사 정리 및 금융회사 간 인수·합병 등 구조조정을 통해 부실을 정리했고, 사외이사 중심의 선진지배구조 확립 및 금융지주회사제도 도입 등을 통해 경쟁력을 강화해왔다.

하지만 우리 금융산업의 국제경쟁력은 여전히 낮은 수준에 머물고 있는 것으로 평가되고 있다. 제조업의 경우 삼성전자와 같이 글로벌 경쟁력을 지닌 기업들이 있지만 금융업에서는 아직 글로벌 경쟁력을 지닌 세계 유수의 금융회사를 찾아볼 수 없는 것이 현실이다.

글로벌 경쟁력 평가기관인 스위스 국제경영개발원(IMD)은 2012년 우리나라 국가경쟁력이 59개국 중 22위지만, 금융부문 순위는 이에 못 미치는 25위로 발표한 바 있고, 세계경제포럼(WEF)도 2012년 우리나라 국가경쟁력이 142개국 중 24위지만, 금융시장발전도 순위는 80위에 불과하다고 평가한 바 있다.

은행산업의 국제경쟁력

은행의 경우 국내시장이 포화상태에 있어 장기적으로 안정적인 성장을 이끌 수 있는 신성장동력 확보와 수익구조 다변화가 필요하다. 이를 위해서는 적극적인 해외진출을 통한 글로벌 경쟁력 제고가 중요하나, 현재 국내 은행의 경우 국제적인 주요 은행에 비해 해외자산의 비중이 낮고 해외 영업규모도 영세한 수준이다.

국내 은행 및 해외 주요 은행 TNI 현황 비교

(단위 : %)

국내 은행('11년말)						
국민	우리	신한	하나	외환	산업	기업
0.8	3.7	1.8	2.1	10.9	12.9	3.1

해외 주요 은행('06년말)						
UBS	도이치	HSBC	Citi	크레디 아그리콜		미쓰비씨
76.5	75.2	64.7	43.7	37.4		28.9

자료 : 은행별 Annual report

2012년 6월 기준 해외영업점 자산은 국내 은행 총자산(해외영업점이 있는 은행 대상)의 3.9% 수준에 불과하며, 기업의 국제화 수준을 나타내는 초국적화지수(Transnationality Index, TNI)도 낮은 수준이다. 또한 이미 해외에 진출한 영업점의 경우에도 여전히 한국계 기업 및 재외국민 등을 대상으로 한 영업의존도가 높아 현지 토착화가 요원한 실정이다.

금융투자산업의 국제경쟁력

금융투자산업의 경우 현재 건전성·수익성은 비교적 양호한 편이다. 유럽 재정위기 등 대외 불안요인에 따라 수익성이 다소 악화되고는 있지만, 지난 2008년 금융위기 중에는 상대적으로 안정된 수익을 실현했고, 자본건전성 지표인 영업용순자본비율[2](NCR)은 평균 605%로 지도비율 150%를 크게 상회하고 있다.

하지만 글로벌 시장에서 선진 금융투자회사들과 어깨를 나란히 하기에는 아직 부족한 수준이다. 금융투자회사의 1인당 부가가치, 1인당 순이익은 미국에 비해 현저히 미달할 정도로 생산성이 취약[3]하다. 한편 국내 금융투자회사는 14개국에서 총 93개의 해외점포를 운영하고는 있지만 2009년을 제외하고는 지속적으로 손실을 기록하였다.

보험산업의 국제경쟁력

우리나라 보험시장은 보험료 등 외형적인 측면에서 이미 세계 6위권으로 선진국 대열에 진입하였다.[4] 하지만 국내 최대 보험회사인 삼성생명도 2012 Fortune Global 500 기업에 포함되지 않을 정도로 보험회사의 규모와 경쟁력은 일천하다.

9개 보험회사가 미국, 중국 등 10개국에서 31개 영업점을 두고 있다. 하지만 해외 점포의 자산규모는 2조 2,000억 원으로 보험사 전체자산의 1%에도 미치지 못할 정도로 보험산업의 국제 경쟁력은 다소 미약한 수준이다.

---

2 금융투자업자의 자기자본규제제도로 유동성 부족이나 손실급증으로 인한 재무불안을 사전에 예방하고 영업이 중단된 경우에도 투자자의 재산을 차질 없이 변제할 수 있도록 충분한 유동성을 확보하기 위한 제도 (영업용순자본비율 = 영업용순자본/총위험×100 ≥ 100%, 각 금융투자업자별 영업용순자본비율은 fisis.fss.or.kr 에서 확인 가능)

3 1인당 부가가치 : 미국 5억 6,000만 원, 한국 1억 5,000만 원(미국의 26%) 1인당 순이익 : 미국 1억 6,000만 원, 한국 5,000만 원(미국의 32%) (출처 : 한국금융산업 위기인가 기회인가, 2007년 5개 학회 공동학술연구 발표회 자료)

4 Swiss Re Sigma 〈World Insurance Annual Report〉 기준 : 2010년 보험료 세계 8위, 보험침투도(보험료/GDP) 세계 6위

금융산업의 발전 가능성

금융산업의 낮은 국제경쟁력은 역설적으로 우리 금융산업의 발전가능성이 무한하다는 것을 시사한다. 우리는 1997년 외환위기와 2008년 글로벌 금융위기를 성공적으로 극복해 낸 저력이 있다. 결국에는 금융산업의 발전 역시 이루어 낼 수 있을 것이다.

서울 여의도 국제금융로

2013 부산 금융중심지 선박·해양금융 컨벤션에 참석한 최수현 금융감독원장(2013년 6월 20~21일)

금융산업 발전을 위한 3대 핵심요소

Q 금융산업 발전을 위한 핵심요소는 무엇인가? 그리고 이 문제점들을 극복하기 위해서는 어떤 노력을 해야 하는지?

금융산업 발전을 위한 3대 핵심 요소는 양질의 금융전문인력, 선진적인 금융인프라 그리고 금융회사의 자본력이라고 할 수 있다.

먼저 금융전문인력은 글로벌 경쟁력 확보에 있어 가장 핵심적인 요소이다. 국내 금융회사 임직원들의 전반적인 교육수준은 높은 것으로 평가되지만, 높은 수준의 금융기술을 사용할 수 있거나 국제적 역량을 갖춘 인재는 부족[1]한 상황이다.

둘째, 정보통신기술(IT), 신용평가, 글로벌 영업 네트워크와 같은 금융인프라가 뒷받침되어야 한다. 국내 금융산업의 경우 세계적 수준의 IT 기술을 바탕으로 전자금융 부문에서 상당한 비교우위를 가지고 있는 것으로 평가되지만 신용평가, 글로벌 네트워크 같은 측면에서는 미흡한 것이 사실이다.

마지막으로 금융회사의 자본력이 뒷받침되어야 한다. 국내 금융회사들의 경우 자본력은 글로벌 선진 금융회사에 비해 취약[2]하다.

---

1 2012년 IMD 경쟁력 순위(전체 59국) : Employee Training 6위, Finance Skills 43위, International Experience 35위

2 국내 주요 은행의 국제순위 : 산업은행 71위, 국민은행 72위, 우리은행 74위 신한은행 79위 (The Banker 발표, 2011년 말 기본자본 기준)

이들이 국제무대에서 경쟁하거나 우리 기업의 해외사업을 원활히 지원하는 데 어려움을 겪고 있는 것이 현실이다.

실제로 2009년 아랍에미레이트연합(UAE)이 발주한 원전을 수주할 당시 아랍에미레이트연합(UAE) 정부는 세계 50위 이내 은행의 이행보증을 요구하였지만 국내 은행 중 세계 50위권의 은행이 없어 애를 먹었던 사례가 있었다.

또한 은행은 이자수익(83%), 증권사는 수수료(63%)가 이익의 대부분을 차지하고 있어 자본을 활용한 수익창출능력도 미흡한 실정이다.

글로벌 금융리더인 윤치원 UBS 아시아태평양 회장이 밝혔듯이 금융산업의 발전을 위해서는 인력, 자본, 그리고 IT 인프라가 잘 갖추어져야 한다. 뛰어난 인력을 확보한 회사만이 글로벌 경쟁력을 가질 수 있고, 충분한 자본과 유동성은 고객과의 신뢰를 위해 필수적이며, IT 인프라는 정보 수집과 커뮤니케이션을 위해 중요하기 때문이다.

서울 여의도 국제금융센터(IFC)

외국계 금융회사 대상 연례 업무설명회인 FSS SPEAKS 에서 금융회사 대표들과 환담 중인 최수현 금융감독원장 (2013년 5월 28일)

글로벌 경쟁력 확보를 위한 과제

Q 우리 금융회사들이 글로벌 경쟁력을 확보하기 위해서는 우리의 강점을 살려서 금융산업을 선진화시키는 전략이 필요할 것으로 보이는데, 우리 금융의 강점과 선진화 전략은 무엇인가?

스위스 국제경영개발원(IMD)나 세계경제포럼(WEF)와 같은 글로벌 경쟁력 평가기관들은 우리 금융부문의 경쟁력 순위를 국가 전체 순위보다 낮게 평가[1]하고 있다.

그렇지만 우리나라는 외환위기 이후 금융산업의 효율성과 건전성을 지속적으로 향상시켜 왔다. 금융산업의 기반이라고 할 수 있는 실물부문의 경우에는 반도체, 조선, 자동차산업을 중심으로 세계적인 수준까지 성장했다. IT분야의 경쟁력을 바탕으로 한 세계적 수준의 전자·스마트금융 기술, 열정적이고 우수한 인적 자원 등을 보유하고 있어 이러한 장점들이 결합될 경우 시너지 효과가 상당할 것이다.

따라서 지금은 금융산업 선진화와 국제적 경쟁력 강화를 위해서는 금융회사와 기업, 그리고 정부 등 각계의 적극적인 노력과 도전정신이 필요한 시점이다.

우선 포화상태인 국내금융시장을 벗어나 적극적인 해외진출로 글로벌 경쟁력을 제고시켜야 할 것이다.

---

[1] IMD 경쟁력 순위(2012년, 전체 59국) : 국가 22위 / 금융 25위
WEF 경쟁력 순위(2012년, 전체 142국) : 국가 24위 / 금융시장 발전도 80위

특히 해외진출시에는 미국, 유럽 등 선진시장보다는 최근 급성장하고 있는 동남아, 남미 등 개도국 시장에 대해 관심을 가질 필요가 있다. 기업과 금융회사가 네트워킹화하여 함께 해외시장을 개척한다면 커다란 상승효과를 기대할 수 있을 것이다.

다음으로는 국제기준의 도입과 금융인재양성을 통해 금융 인프라를 선진화하여야 한다. 향후 바젤Ⅲ[2]와 같은 국제적 규제기준을 우리의 실정에 맞게 도입하고 신용평가회사의 신용평가 능력을 제고하는 한편, 국제회계기준을 조기에 정착시켜 금융제도의 국제적인 정합성을 높여야 할 것이다.

또한 풍부한 인적자원을 바탕으로 체계적인 교육을 통해 우수한 금융 인력을 양성하여야 한다. 이를 위해서는 대학과 금융회사와의 산학연계를 통해 맞춤형 인재를 육성하고, 선진 금융기법 습득을 위한 해외 금융회사와의 인적교류를 확대하는 것도 좋은 방안이 될 수 있다.

2008년 아시아 50대 애널리스트에 우리나라 애널리스트 22명이 포함된 사례에서 보듯이, 우리가 이런 부문에 지속적으로 투자를 하였다면 글로벌 50대 애널리스트도 탄생할 수 있었을 것이다. 이런 사례는 다른 금융부문에서 가능할 수 있다.

---

2 2008년 글로벌 금융위기를 거치면서 은행의 기존 자기자본 규제인 바젤II로는 은행의 지나친 외형성장 등에 따른 레버리지 확대와 유동성리스크를 규제하는 데 한계가 있다는 비판이 제기됨에 따라 바젤은행감독위원회는 금융위기 이후 은행산업의 위기대응 능력 강화를 위해 자본 및 유동성규제를 강화하는 바젤III를 도입하기로 결정

포화상태인 국내금융시장을 벗어나 적극적인 해외진출로 글로벌 경쟁력 제고

금융감독원은 국내 금융회사들이 포화상태에 이른 국내시장에서 '우물 안 개구리'식 영업행태로부터 벗어나 글로벌 경쟁력을 제고할 수 있도록 향후 발전가능성이 높은 지역을 중심으로 적극적으로 새로운 시장을 개척하도록 독려하고 있다.

이미 진출한 해외영업점들에 대해서는 정례적인 현지화수준 평가를 실시하여 한국계기업과 재외국민 중심의 영업구조에서 탈피하여 현지 밀착경영을 통해 토착화할 수 있도록 적극적으로 지원할 것이다.

금융산업의 경쟁력 강화를 위해서는 자본력과 함께 건전성을 확보하는 것이 중요하다. 2008년 글로벌 금융위기는 글로벌 경쟁력을 갖추었다고 믿었던 대형 금융회사들의 무분별한 외형확장과 리스크관리 실패에서 비롯되었다. 충분한 자본, 철저한 리스크관리를 도외시한 성장전략은 사상누각에 불과하다.

마지막으로 금융산업이 발전하기 위해서는 금융소비자의 감시기능이 잘 작동해야 한다. 금융소비자는 금융회사를 선택할 때 금리·수수료뿐만 아니라 금융상품 설명의무를 잘 이행하는지, 분쟁 처리는 공정한지, 그리고 고객에게 적합한 상품을 권유하는지 등을 꼼꼼히 따질 수 있어야 한다. 똑똑한 금융소비자는 금융회사로 하여금 소비자를 배려하는 영업전략과 금융상품을 개발하게 하고, 우리 금융회사들의 선진화를 촉진시키는 원동력인 것이다.

영국 런던의 금융가, 커네리 워프(Canary Wharf)   미국 뉴욕의 금융가, 월스트리트(Wall street)

청년 일자리 창출과 금융의 역할

금융권의 일자리 창출 능력

Q 토크에 참석해온 학생들은 주로 상경계열 학생들로 이들의 취업 관심 분야는 주로 금융업으로 볼 수 있다. 우리나라 금융권 일자리는 어떤 상황인지? 그리고 금융은 여타 산업을 지원하는 핵심 산업으로 일자리 창출에 앞장서야 할 것 같은데 대책이 있다면?

지금까지 금융토크에서 알아본 대학생들의 최대 관심사는 바로 취업이었다. 최근 데이터에 따르면 청년 실업률은 6.7%이다. 하지만 60만 명의 취업준비자와 18만 명의 구직단념자를 더하면 20대의 경제활동참가율[1]은 25년래 최저수준이다.

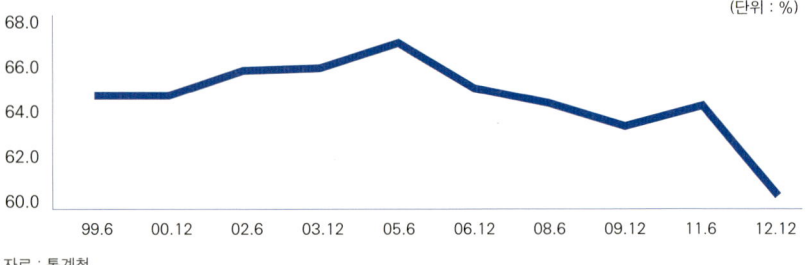

우리나라 20대 경제활동참가율(1999년 6월~2012년 12월)

자료 : 통계청

---

[1] 경제활동참가율 : 만 15세 이상 인구 중 경제활동인구(취업자+실업자)가 차지하는 비율(20대 경제활동참가율 하락은 20대 인구 중 취업을 포기한 사람의 비중이 높아졌다고 해석이 가능)

대학생이 선호하는 금융권 일자리를 살펴보면, 2012년 9월말 현재 금융회사 임직원수는 약 36만 명이다. 금융상품 모집인 등 금융유관업 종사자 52만 명을 포괄할 경우 금융산업 전체 고용인원은 약 88만 명[2] 수준이다. 금융산업 고용인원은 전체 취업자 2,427만 명의 약 3.5%로, 이 비율은 2000년 말 6.5%의 절반 수준에 불과하다.

하지만 금융산업은 부가가치율이 높고 인적자원에 대한 의존도가 높아 양질의 고용을 창출하는 데 적합한 특성을 가지고 있다. 금융서비스는 기계나 장치에 의해 대체될 수 없고 서비스의 질이 인력의 질에 의해 주로 결정되기 때문이다. 금융산업의 고용유발계수[3]는 8.6(2010년 기준)으로 전체산업 평균 8.3을 상회한다.

국내 산업계에서 일자리가 감소하는 상황을 타계하기 위해서는 금융권이 주도적으로 금융산업 및 유관산업에 새로운 일자리를 늘리고, 기존의 일자리를 지키며, 일자리의 질을 높이기 위한 방안을 마련하여야 한다.

첫째, 금융서비스 영역에서 일자리를 늘려야 한다. 금융권이 부동산임대업, 마이크로 파이낸싱[4], 휴일·야간점포 운영 등 금융서비스 영역을 확대하면 새로운 일자리 창출이 가능할 것이다. 또한 리스크관리, 소비자보호, IT업무 기능을 강화하는 데 추가로 많은 인력이 필요할 것이다.

---

2 한국표준산업분류 기준, 통계청
3 고용유발계수 : 특정 산업부문의 최종수요가 10억 원 증가할 때 각 산업에서 직·간접적으로 유발되는 고용자 수 (고용유발계수가 높은 산업이 발전하면 낮은 산업이 발전하는 것에 비해 일자리가 더 많이 늘어난다고 볼 수 있음)
4 마이크로 파이낸싱 : 경제활동 의지는 있지만 자본이 없는 빈곤층에게 소액 장기저리 무담보 대출을 해주는 금융(방글라데시 그라민은행이 대표적임)

둘째, 채용방식에 변화를 준다면 일자리를 늘릴 수 있다. 인턴사원 채용 등을 통해 청년층의 일자리를 확대시키고, 대졸과 고졸 일자리를 구분하는 Two-Track 채용 시스템을 도입하면 고졸 일자리를 확대할 수 있다. 그리고 근로시간의 탄력적인 운용과 정년연장, 임금피크제 도입으로 일자리를 늘릴 수 있을 것이다.

마지막으로 정부와 금융감독당국이 금융중심지 지원 정책을 개선하여야 한다. 외국계 금융회사들을 적극적으로 유치하는 한편, 국내 금융회사의 해외시장 진출을 적극 유도한다면 국내 고급인력에게 더 많은 일자리를 제공할 수 있을 것이다.

금융권의 청년창업 지원

Q 금융이 창업에 든든한 버팀목이 될 수 있다고 본다. 우리 금융권에는 어떤 종류의 창업 지원프로그램이 마련되어 있는지?

취업 이외에도 사회생활을 해나가는 다양한 방법 중 하나가 창업이다. 그러나 2000년대 초 벤처 버블 붕괴 이후 이렇다 할 창업지원 프로그램이 없는 것이 현실이다. 금융업계의 금융연관 사업 등에 대한 창업지원을 활성화한다면 청년 일자리 창출은 물론 투자수익도 제고할 수 있고 금융산업의 인프라 개선도 촉진할 수 있을 것이다.

은행권은 예비창업자 및 창업 3년 이내의 2030 청년세대 기업주를 중점 지원하기 위해 '은행권청년창업재단'(www.2030dreambank.or.kr)을 설립하였다. 재단은 은행권 20개 기관이 3년간 5,000억 원을 한도로 출연하여 청년창업기업에 대한 투자 및 보증, 청년재창업기업에 대한 보증, 청년창업 인프라 구축·운영 등을 지원하고 있다.

은행권청년창업재단 홈페이지 화면   은행권청년창업재단 홈페이지의 사업내용 소개

재단에서는 자금을 '청년창업 투자기금'과 '청년창업 보증기금'으로 구분하여 지원 중이다. 보증대출 금리는 연 5% 이하이다. 또한 동 재단은 청년창업 인프라 지원을 위하여 창업공간을 지원하고, 창업스쿨과 멘토링 프로그램 운영하고 있다. 사업에 실패한 청년 중소기업인이 창업을 통해 재기할 수 있도록 신용회복 및 재창업자금 지원업무 등도 수행하고 있다.

청년드림대출 신청 절차

(7일 소요)

청년드림투자 신청 절차

(3주 소요)

아울러 정부와 금융감독당국은 주요국의 청년고용 확대정책 등 여러 외국사례를 참고하여 금융관련 서비스업 육성방안을 추진하면서 금융연관 산업발전과 청년층의 창업지원 활성화를 통해 금융으로부터 파생되는 청년 일자리가 대폭 늘어날 수 있도록 노력하여야 한다.

주요국 청년고용 확대 정책

국가	청년고용 확대 정책
미국	**고용보조금**: 청년층 실업자를 고용한 기업에 1명당 1,200달러 제공 **유망분야 육성**: 교육·의료·에너지산업 육성 긴급자금 지원(5,754억 달러) **구직 상담 및 훈련**: 18세 이상 구직자에게 직업훈련 및 취직 알선 **창업 및 직장 체험**: 청소년에게 창업 및 직장 체험 기회 제공 등
독일	**창업지원**: 실업자가 1인 기업 창업시 3년간 보조금 지원, 사회보험료 감면 **취업 상담·알선**: 25세 미만 청년실업자에 대한 상담 및 취업알선 **훈련수강 바우처**: 실업자에게 민간 훈련기관에서의 직업훈련 기회 부여
프랑스	**고용보조금**: 취약계층 청년 15만 명(최대 5년간, 임금의 75% 지원) **청년-고령근로자 멘토링**: 55세 이상 고령 근로자와의 일대일 멘토링 **인턴 채용 제한**: 청년층의 정규직 진입을 늦추는 무분별한 인턴사용 제한 **무기명 이력서**: 차별 방지를 위해 이력서상 사진과 이름을 제외 **실업분담금**: 비정규직 등 불안정 고용을 남용한 기업에 추가 징수
일본	**성장 분야 육성**: 의료, 간호, 농림, 환경 등 고용 창출 추진 **직장체험 제도**: 미취업 졸업자에게 6개월간 직장체험 기회를 부여 **견습직원 보조금**: 신성장 분야 중소기업에 견습직원 및 정규직원 채용시 (견습직원 1인당 10만 엔, 정규직원 100만 엔 지급)
스웨덴	**고용보조금**: 청년실업자 고용시 사업주 부담 복지부담금을 절반으로 축소 **직장실습**: 청년실업자에게 최대 3개월간 직장실습기회를 제공(비용보전) **청년층 창업지원**: 25세 이상 청년층 자영업자에 대해 금융 등 창업 지원 **세금 감면**: 청소, 정원관리, 유아·노인도우미 등 가사 관련 서비스업
영국	**교육·훈련**: 초·중·고교생 대상 혁신, 창의, 위기관리, 아이디어 실현 등 **교육 창업지원**: 전 대학에서 재학생 또는 최근 졸업생 대상 창업교육 실시 **견습·인턴쉽 지원**: 청년 50만 명 대상(10억 파운드 투입)
스페인	**노동시장 유연성 제고**: 기간제 근로자 또는 파트타임 근로자 확대 **고용보조금**: 청년층(16~30세) 고용시 최대 4년간 연 800만 유로 보조 **실직자 진학 지원**: 실직 대졸자(25~40세)의 석사과정 학비 보조

대학생 금융문제 현황과
바람직한 금융 생활

대학생들의 대부업체 이용 실태와 학자금 대출 지원방안

Q 불법사금융 척결대책에 따른 신고접수 결과 피해자 중 20~30대의 비중도 상당히 높은 것으로 알고 있는데, 대학생들은 어느 정도 피해를 입고 있는지? 고금리 사금융 이용 실태와 대책이 마련되어 있는지?

최근 대학 등록금 인상률이 물가인상률 보다 훨씬 높은 수준으로 폭등하고 있어, '반값 등록금' 시위까지 전개 되는 등 많은 학생들이 학자금 마련에 어려움을 느끼고 있고, 일부 학생들은 대부업체의 고금리 대출까지 받고 있는 실정이다.

2012년 4월 금융위원회는 대학생들의 고금리 대출 등 금융이용 실태를 파악하기 위해 한국갤럽에 의뢰하여 전국 5,037명의 대학생을 대상으로 설문조사를 실시하였다. 조사대상 대학생의 18.3%, 922명이 대출을 이용하고 있으며, 고금리대출 이용자[1]는 3.7%, 188명으로 나타났다.

---

1 저축은행 1.6%(83명), 대부업체 1.1%(55명), 카드사 0.8%(40명), 사채 0.2%(12명) 등

고금리대출을 받은 이유는 급전(42.5%), 등록금(27.4%), 생활비(22.6%) 순이었다. 이들 대학생의 평균 대출금액은 276만 원, 금리는 20~30% 수준으로 대부분 은행 등에서 대출받기 어려워서(40%), 곧바로 빌릴 수 있거나 이용이 편리하다(약 50%)는 이유로 이용하고 있었다.

대부업이나 사금융을 이용하다가 연체된 대학생(9명) 중 3명(33.3%)이 불법·부당한 채권추심(협박 등)을 경험하였다고 한다. 이 조사결과를 통해 볼 때 전국 대학생 298만 명 중 고금리대출 이용자는 11만 명(대부업·사채 3만 9,000명), 대출잔액은 3,000억 원으로 추정된다.

고금리대출을 학자금 마련 수단이 될 수 없으므로 저금리 학자금 지원 필요

또한 금융감독원에서 2011년 6월말 기준으로 28개 대형 대부업체의 대학생 대출 실태를 조사한 결과에서는 대부업체의 대학생 신용대출은 795억 원(5만 건), 평균 대출금리는 약 44.5% 수준으로 나타났다. 한국장학재단의 저리 학자금 대출을 받은 학생 중 일부도 대부업체 등에서 추가로 대출을 받고 있는 것으로 확인되었다.

오히려 대부업체의 고금리 대출은 학자금 마련 수단이 될 수 없고, 부채부담을 증가시키는 결과만을 초래할 뿐이다. 고금리 대출은 이자부담이 높아 일정한 수입이 없는 대학생들이 원리금을 정상적으로 상환하는 것은 사실상 불가능하고, 상환부담 가중으로 정상적인 학교생활도 어려워진다.

더욱이 사회생활을 시작하지도 않은 많은 학생들이 금융채무불이행자로 전락하거나, 부채 상환을 위해 학업을 중단하는 것은 국가적인 손실이다.

아울러 많은 대학생들이 등록금이 아닌 생활비나 급전으로 고금리대출을 받고 있다는 것은 정부와 금융감독당국이 저금리 학자금 지원뿐만 아니라 대학생의 건전한 소비생활에 대한 교육도 병행해야 함을 시사한다.

학자금 지원 제도

 대학생 입장에서는 사채나 대부업체의 대출 이용을 안 하는 것이 최선이지만, 이미 학자금 부족으로 고금리 대출을 이용하는 대학생들을 위해 정부가 나서 대책을 마련할 필요가 있다고 보는데, 어떤 방식으로 지원하고 있는지?

금융감독원은 대부업체의 무분별한 대학생 대출을 억제하는 방안을 마련하였다. 대부업체는 대학생 대출시 보호자의 확인을 받도록 하고, 부모 등 제3자에게 대출금 상환을 강요하지 못하도록 지도하고 있다. 대학생 학자금은 그 성격상 금융회사의 상업적 대출의 대상이 되기 어렵다. 따라서 대학생의 원활한 학자금 조달을 위해서는 대학과 정부의 역할이 중요하다.

우리나라는 정부에서 대학생 학자금대출을 장기·저리로 직접 취급하고 있다. 정부지원 학자금대출 금리는 과거 4.9%에서 2012년에는 3.9%, 2013년부터는 2.9% 수준으로 인하되었다. 학자금 대출의 학점 제한도 B^0에서 C^0로 낮추어 수혜요건을 대폭 완화하였다.

또한 학자금 대출자가 졸업 후 취업하지 못할 경우 최대 2년까지 이자상환을 유예해준다. 특히 취업 후 상환하는 '든든학자금' 대출을 받은 대학생이 군대에서 현역으로 복무하는 경우에는 대출이자를 면제하는 제도도 도입하였다.

신용회복위원회는 대학생 금융채무 불이행자의 신용회복 지원을 위해 졸업시까지 채무상환을 유예하는 한편, 졸업 후에도 구직시까지 채무상환을 최장 2년간 유예하고, 유예기간 중 이자는 면제하고 있다. 미소금융은 1인당 300만 원 한도(금리 연 4.5%)로 매년 300억 원 규모의 긴급소액자금 대출도 지원하고 있다.

한국장학재단 홈페이지 화면   한국장학재단 홈페이지의 학자금대출 소개 내용

은행권과 생보업계의 대학생 학자금전환대출로
총 730억 원의 이자경감 혜택

금융감독원은 저축은행 및 대부업체들이 대학생 대출을 엄격히 취급토록 지도하는 한편, 고금리대출에 시달리는 대학생들을 위해 금융권별로 다양한 형태의 지원방안을 마련하여 시행하고 있다.

2012년에는 은행권은 신용회복위원회에 500억 원 보증재원을 출연하여 최대 2,500억 원 규모의 전환대출(금리 : 연 6.5%)을 2012년 6월부터 취급하고 있다. 생명보험업계는 200억 원을 출연하여 최고 1,000만 원의 학자금(금리 : 연 3.9%) 대환대출을 지원하고 있다.

은행권과 생보업계의 학자금 대출로만 8만 명 이상이 혜택을 받아 1인당 연간 84~92만 원, 총 730억 원의 대출 이자 경감 혜택을 받을 것으로 예상된다.

대학생 학자금 대출 수혜자 및 금리인하효과

구분	대출수혜자	총 이자경감	1인당 이자경감	비고
은행권	약 75,000명	연간 638억 원	연간 84만 원	2012.6월 시행
생보업계	약 7,000명	연간 92억 원	연간 92만 원	2012.3월 시행
계	약 82,000명	연간 730억 원	–	–

대학생의 바람직한 금융생활

Q 소득수준과 상관없는 소비형태를 보이는 일부 대학생들은 고금리 대출이라는 유혹에 빠질 가능성이 높아지게 되는데, 바람직한 금융생활이란 무엇인지?

사회진출을 앞둔 대학시절은 금융에 대한 기본지식과 자세를 갖추고, 개인신용등급 관리를 시작해야 할 시기이다.

학자금이 부족할 경우 한국장학재단의 대출제도(금리 2.9%)를 이용하는 것이 바람직하다. 저축은행이나 대부업체의 고금리 대출을 이용하다 연체할 경우 개인신용등급이 낮아지는 결과를 초래할 수 있으므로 주의해야 할 필요가 있다. 일상생활에서도 과도한 소비지출을 억제하고, 본인의 예금잔액 범위 내에서만 쓸 수 있는 체크카드를 사용하고 신용카드는 가급적 이용하지 않는 것이 바람직하다.

또한 금융거래 경험이 부족한 대학생은 대출사기 등 금융사기를 당할 위험이 높으므로 각별한 주의가 필요하다. 최근 들어 대학생을 대상으로 한 휴대폰연계 대출사기[1], 아르바이트·취업 목적의 대출사기[2] 등 신종 대출사기 피해사례가 발생하고 있다. 대출이 필요할 경우 불법 대출광고에 현혹되지 말고 금융감독원 홈페이지를 통해 제도권 금융회사인지 확인하고 거래하여야 하며, 자신의 금융거래정보나 휴대폰 등을 넘겨주지 않도록 각별히 유의하여야 한다.

---

[1] 휴대폰(대포폰)을 개통·제공하면 대출(50만 원)해 준다고 속인 후 대량문자발송 등으로 고액의 통신요금을 부담(580만 원) 시킴

[2] 취업을 미끼로 물품구입이나 보증금 납부를 위한 대출을 받도록 강요

정부와 금융권의 대학생 학자금 지원 제도

한국장학재단이 제공하는
학자금대출 제도

학자금 부족으로 학업에 어려움을 겪고 있는 대학생 및 학부모는 한국장학재단이 제공하는 학자금대출(학자금 및 생활비)을 이용할 수 있다.

든든 학자금대출 (취업 후 학자금 상환제도)

든든학자금대출이란?

취업 후에 학자금 상환이 가능한 제도로서 재학 중 이자상환 부담 없이 학업을 수행하고, 졸업 후 소득수준에 따라 원리금을 상환하는 제도이다.

자격요건

통계청에서 발표하는 소득 7분위 이하 가정의 만 35세 이하 대학생 및 입학 예정자가 해당되며, 세 자녀 이상 가구인 경우 소득분위와 무관하게 대출을 받을 수 있다.

- 성적기준 : 평점 70/100 이상, 12학점 이상 이수
  (신입생, 편입생, 재입학생인 경우 적용 제외)

대출한도 및 금리

등록금은 소요액 전액(입학금, 수업료, 기성회비 등), 생활비는 연간 300만 원 이내에서 대출을 받을 수 있으며, 대출금리는 연 2회 주기로 변동금리가 적용된다.

대출기간 및 상환방법

대출자의 연간소득금액이 상환기준소득을 초과할 경우 상환의무가 발생하고, 기준소득 초과분의 20%를 국세청에서 원천징수한다.

※ 상환기준소득 : 매년 정부에서 공표하는 전년도 4인 가구 기준 최저생계비 및 물가상승률 등을 감안하여 매년 교육부 장관이 고시

취급절차

대출신청(인터넷) → 대학, 재단에 증명서류제출 → 심사 및 추천(대학) → 대상자선정(재단) → 대출실행(제휴은행)

농어촌 출신 대학생 학자금 융자

농어촌 출신 대학생 학자금 융자 제도란?

농어업인 자녀들에게 고등교육 기회를 보장하기 위하여 실시하는 무이자 대출제도로써 재학 기간 중 상환부담이 없다.

자격요건

관련법이 인정하는 농어업인이거나 농어촌 지역에 주소를 두고 6개월(180일) 이상 거주하고 있는 학부모의 자녀 중 대학에 재학(복학포함) 및 입학예정(신입, 편입학, 재입학 포함)인 학부생으로 다음의 성적기준을 충족하는 학생(신입생은 성적 제외)이다.

- 직전학기에 12학점 이상을 이수한 학생(졸업학년 및 장애인 제외)
- 직전학기 성적이 100점 만점 환산시 70점 이상인 학생
  ※ 성적 또는 이수학점 기준을 총족하지 못할 경우, 특별추천제도 활용 가능(2회 이내)

대출한도 및 무이자 적용

등록금은 소요액 전액을 무이자로 대출 받을 수 있으며, 생활비는 든든/일반 생활비대출을 이용할 수 있다.

대출기간 및 상환방법

학자금을 융자받은 자가 졸업 또는 수료 후 2년이 경과한 날이 속하는 달의 다음날부터 학자금의 융자를 받은 기간의 2배에 상당하는 기간의 범위 안에서 대출 1건당 1년 단위로 상환하게 된다. (월별 균등분할상환)

취급절차

한국장학재단 홈페이지(www.kosaf.go.kr) 신청 → 서류제출 → 학교추천 → 재단심사 → 승인 후 학교로 학자금 지급

전환대출

전환대출이란?

안정적인 학교생활을 지원하기 위하여 일반상환 학자금대출을 이자 상환이 유예되는 든든학자금대출(취업 후 상환대출)로 전환해주는 제도이다.

전환대출 대상 및 자격조건

한국장학재단이 제공하는 일반상환 학자금 대출자 중 든든학자금대출 기준(성적, 이수학점, 소득분위)에 부합하는 학생이다.

유예대출   **유예대출이란?**

대학 졸업 후 경제적 곤란자의 대출 원리금 상환을 최대 3년간 유예한 후 분할상환하도록 해주고, 군 복무자의 경우 복무기간 동안 이자납부를 유예해 주는 대출제도이다.

일반상환학자금 특별상환유예

일반학자금 대출자 중 대학(학부) 졸업 후 경제적으로 곤란한 사람에 대해 대출의 원금과 이자상환을 일정기간 유예하는 제도이다.

- 유예방법 : 재단이 유예기간(최장 3년) 동안 발생하는 일반학자금 대출의 원금과 이자를 대신 납부하고, 학생은 같은 금액을 유예종료 후 4년 동안 분할상환(분할상환 기간 동안 무이자)

한국장학재단 학자금대출 요약비교

			든든(취업후상환) 학자금	일반상환 학자금	농어촌 출신 대학생 학자금융자
지원 자격	신청연령		만35세 이하	만55세 이하	제한없음
	지원대상	가능	협약한 국내고등교육기관	국내고등교육기관	국내고등교육기관
		제외	학점은행제, 외국대학	학점은행제, 외국대학	학점은행제, 외국대학
	성적기준	신입생	대학 입학 허가 기준		• 직전학기 12학점 이상 이수
		재학생	• 직전학기 12학점 이상 이수 • 대학원생, 장애우, 졸업학년인 경우 이수학점 적용제외 • 평점 70/100점 이상		• 신입생군 장애우, 졸업학년인 경우 이수학점 적용제외 • 평점 70/100 이상 • 신입생군의 경우 성적기준 제외
	대출가능 여부	대학원생	X	O	X
	신용요건		X	신용도판단정보 보유중인자 제한	신용도판단정보 보유중인자 제한
	소득기준		학부: 소득 7분위 이하	학부: 소득 8분위 이상 대학원생: 모든 소득분위	없음
	다자녀 지원여부		다자녀가구 자녀 (3자녀 이상)는 소득8분위 이상도 이용 가능	다자녀 여부 상관없이 지원 가능	다자녀(3자녀 이상) 가구 자녀 1순위 선발 가능
생활비 대출	생활비 지원 여부		O	O	든든/일반 생활비대출 이용 가능
	대출한도		• 학기당 최대 : 든든(150만 원), 일반(100만 원), 최소 50만 원 • 대출금액 단위 : 10만 원 단위로 신청 가능		
등록금 대출	상한		등록금 전액 (입학금, 수업료, 기성회비 등)	• 일반대학 : 4,000만 원 • 5,6년제 대학 및 일반·특수대학원 : 6,000만 원 • 의·치·한의계열 대학(원) 및 전문대학원 : 9,000만 원	등록금 전액 (입학금, 수험료, 기성회비 등)
	하한		등록금(또는 생활비) : 50만 원 다만, 방송통신대, 사이버대 등 원격대학은 10만 원		등록금 : 10만 원 이상 (입학금, 수험료, 기성회비 등)
상환방법			등록금 : 연간소득금액이 상환기준 소득금액을 초과할 때까지 상환 유예	• 거치기간(이자납부) 조건별 최장 10년 • 상환기간(이자+원금납부) 최장 10년	• 2012년 이후 졸업자 : 2년 거치기간 – N학기 수혜자는 N년동안 상환 – 상환방식 : 원금균등분할
이자지원			소득 1~3분위 : 생활비 유예기간 무이자	이자지원 없음	

※ 자세한 사항은 한국장학재단(☎ 1599-2000, 홈페이지 www.kosaf.go.kr)으로 문의

한국장학재단이 제공하는
장학금 제도

한국장학재단은 학자금 대출 이외에도 정부가 위임하는 장학금 제도를 운영하고 있다.

장학상품	지원자격 및 성적기준
국가장학금 (Ⅰ, Ⅱ 유형)	Ⅰ, Ⅱ유형 : 소득 8분위 이하(연 환산소득 6,801만 원 이하)인 대학생 재학생·편입생 • 직전학기 12학점·이상 이수, 80점(100점 만점 기준)이상인 자 　※ 장애인은 이수학점 제한없이 100점 만점의 70점 이상 신입생·재입학생 • 신입생의 경우 성적기준 없음 • 재입학생의 경우 대학성적이 있는 경우 재학생 기준 적용
국가 근로장학금	고등교육기관에 재학중인 대한민국 국적의 대학생(전학년) • 이수학점 관계없이 직전학기 성적 70점 이상인 경제적 가계 곤란자
대통령 과학장학금	신규장학생 • 2013년 국내 고등학교 졸업(예정)자(조기졸업자 포함)로서 국내 및 해외 4년제 대학의 자연과학 및 공학계열 학과(부)에 입학예정(확정)인 자 계속장학생 • 백분위 87점 이상 또는 평점 3.5이상/4.5만점(3.3이상/4.3만점) • 최소이수학점기준 : 매학기 12학점 이상 (단, 4학년은 최소 3학점 이상) 　※ 해외장학생 및 교환학생은 최소이수학점 제한 기준 없음 　※ 상기 기준이 적용되지 않는 해외 대학의 성적에 대해서는 별도 심사
국가 우수장학금 (이공계, 인문사회계)	신입생 • 국내 4년제 대학교의 이공계열 및 인문사회계열 학과(부)에 입학한 2013년도 우수 신입생(대한민국 국적자) 재학생 (계속 장학생) • 매 학기 12학점 이상, 평점 3.5이상/4.5만점(3.30이상/4.3만점) 또는 백분위 87점 이상 • 4학년은 최소 3학점 이상

국가전문대학 우수학생 장학금	계속장학생 기준 • 직전학기 12학점 이상 이수, 백분위 85점/100점 　(또는 3.5이상/4.5만점(3.3이상/4.3만점)) 이상 중간평가대상자 • 졸업이수학점의 40%(2년제) 또는 30%(3년제)이상 이수, 11년도 2개 　학기 최소종합 평균백분위 85점/100점 이상
국가연구장학금 (인문사회계)	대한민국 국적자 • 주민등록상 해외이주 신고자, 영주권자 제외 • 고등교육법 제29조 및 제30조에 의해 설립된 일반대학교 　일반대학원 및 한국학중앙연구원 육성법 제6조에 의해 설립된 　한국학대학원의 인문사회분야 전일제 미취업 대학원생 • 직전 정규학기 백분위 92점(또는 평점 4.0이상/4.5만점, 3.7이상/4.3 　만점)이상의 성적을 획득한자
사랑드림 장학금	신규장학생 성적기준 • 직전 정규학기 이수학점 12학점 이상 및 직전학기 백분위 87점 또는 　평점 3.5이상/4.5만점(3.3이상/4.3만점) 이상 ※ 기부처의 기부목적에 따라 신청대상, 성적 기준 등이 변동 될 수 있음 계속장학생(유형 2, 3, 4, 5, 5-1) • 각 유형별 성적이 상이함으로 업무처리지침 참고 • 계속장학생은 2012.2학기부터 '성적기준 : 직전학기 백분위 87 　점(3.5이상/4.5만점(3.3이상/4.3만점))이상' 적용되며, 기부처의 　기부목적에 따라 신청대상, 성적 기준 등이 변동될 수 있음
드림장학금	• 대한민국 국적을 소지한 기초생활수급자 또는 차상위계층인 자 　※ 주민등록상 해외이주신고자 · 영주권자 제외 • '13년 국내 고등학교 재학자 중 '14년 졸업 예정자로서 일정 성적 요건을 　충족하고 해외대학에 입학예정인 자로 학교장의 추천을 받은 자
희망사다리 장학금	〈취업확정유형/취업전제유형〉 • 공통 　- 대한민국 국적 소지자 　- 4년제 대학 3,4학년 또는 전문대 2,3학년 재학생(5년제는 5학년도 가능) 　- 직전학기 성적 100점 만점의 70점 이상을 획득한 자 • 취업확정유형 　- 4주 이상의 현장실습 이수자 　- 현장실습을 이수한 해당 중소기업과 고용계약 체결이 확정된 자 • 취업전제유형 　- 해당학기 내 취업전제 현장실습 이수예정자

※ 자세한 사항은 한국장학재단(☎ 1599-2000, 홈페이지 www.kosaf.go.kr)으로 문의

신용회복위원회가 제공하는
청년·대학생 보증지원제도

대부업체 등에서 고금리 대출을 받은 청년 및 대학(원)생은 고금리로 인해 금융채무 불이행자가 되는 것을 방지하고, 건강한 사회구성원이 될 수 있도록 신용회복위원회가 제공하는 신용보증을 받을 수 있다.

보증지원 제도

보증지원제도란?

학자금, 생계비 등의 용도로 여신전문금융회사, 저축은행, 대부업체 등에서 고금리 대출을 받은 청년 및 대학(원)생이 저금리 전환대출을 받을 수 있도록 신용보증을 제공하는 제도이다.

지원대상

- 대학(원)생 : 대학(원) 재학 또는 휴학 중인 성년자로 학자금, 생계자금 등의 충당을 위해 시행일(2012.6.18)이전 연 20% 이상의 고금리 대출을 받아 정상 상환 중인 자
- 청년 : 연소득 2,000만 원 이내인 29세 이하의 청년으로 시행일(2012.6.18)이전 연 20% 이상의 고금리 대출을 받아 정상 상환 중인 자 중 최근 1년 이내 연체 등 정보 등재 이력이 없는 자

지원내용

- 보증원금 : 전환대출 원금 100%(1인 최대 1,000만 원 한도)
- 보증기간 : 최장 7년 이내
- 보증요율 : 연 0.5%
- 상환방법 : 전환대출(원금균등분할상환), 보증료(보증신청 후 보증서발급 전까지 일시납입)

※ 자세한 사항은
신용회복위원회(1600-5500, 홈페이지 www.ccrs.or.kr)로 문의

생명보험사회공헌위원회가 제공하는
대학생 학자금 부채상환 지원사업

생명보험사회공헌위원회에서는 사회연대은행과 공동으로 저소득층 대학생들을 지원하기 위한 학자금대출 및 전환대출제도를 운영하고 있다.

학자금대출

대출대상

소득 7분위 이내 가정의 대학생 및 휴학생으로 전체 학기 평점이 70/100(C학점) 이상인 자가 대상이다.
(군 복무중인 자 제외)
- 학자금대출 : 신입생은 성적 제한이 없음
- 전환대출 : 연 20% 이상 고금리로 학자금 용도의 대출을 받아 상환 중인 자

대출한도 및 기간

학자금대출은 등록금 고지 금액을 한도로 1인당 최대 1,000만 원 이내로 신청할 수 있으며, 전환대출은 대출건수와 관계없이 1인당 최대 1,000만 원까지 신청할 수 있다. 상환은 취업 후 소득발생시 상환하게 된다.
- 학자금대출 : 대출기간 최대 10년 (거치 5년 / 상환 5년)
- 전환대출 : 대출기간 최대 6년 (거치 3년 / 상환 3년)

대출조건

거치기간 중에는 연 3.0%(연체이자 연 4.0%)의 이자만 납부하고, 상환기간에는 매월 원리금을 균등하게 분할하여 상환하게 된다. 대출금을 성실하게 상환한 대학생에 대해서는 이자 납부 총액의 50%를 환급하는 특전이 주어진다.

※ 자세한 사항은 생명보험사회공헌위원회(학자금 대출 문의 1588-4413, 지원사업 홈페이지 http://liscc.bss.or.kr) 문의

현대차 정몽구 재단이 제공하는
학자금대출 제도

제1금융권 및 한국장학재단 등에서 학자금대출을 받지 못한 대학생 또는 제2금융권에서 고금리 대출을 받고 있는 대학생들은 현대차 정몽구 재단이 제공하는 학자금대출(신규 및 전환대출)을 이용할 수 있다.

학자금대출

대출대상
대학생과 부모 중 1인의 신용상태가 동시에 양호하고, 재단에서 정하고 있는 소득기준을 충족하며, 등록금을 납부하지 않은 전국 2년제 이상 대학교 학부 재학생이 대상이다.
(타 재단 등과 중복 대출 불가)

대출조건
학자금대출은 등록금 500만 원(등록금+기성회비)을 한도로 5년 거치 5년 분할상환으로 대출되며, 분할상환기간에만 연 6.0%의 이자가 부과된다.

전환대출

대출대상
대학생과 부모 중 1인의 신용상태가 동시에 양호하고, 재단에서 정하고 있는 소득기준을 충족하는 만 35세 이하의 재학생 및 휴학생 중 기존의 본인명의 학자금 대출금(원금+이자)이 500만 원 이하인 사람이 대상이다.

대출조건
전환대출은 500만 원을 한도로 5년 분할상환 조건으로 지원되며, 이용학생은 연 2.5%의 금리를 부담하게 된다.

※ 자세한 사항은 현대차 정몽구 재단(02-746-0001, 홈페이지 http://www.hyundai-cmkfoundation.org)으로 문의

금융이
원하는
대학생

금융계
리더들이
생각하는 대학생

캠 퍼 스
금 융 토 크
3 6 5

최고의 프로가 되기 위해
열정을 쏟아라

박근희
삼성생명 부회장

충청북도 청원군 미원면 금관리 321번지 출생, 청주상고·청주대 졸업, 저의 이력서는 이것이 전부입니다. 한마디로 말하면 시골 촌놈이죠.

대부분의 부모님과 마찬가지로 저의 부모님도 제 뒷바라지를 하시느라 힘든 농사일을 묵묵히 감내하셨습니다. 이런 평범한 배경을 가진 저에게 많은 사람들이 우리나라 리딩 컴퍼니인 삼성생명의 부회장을 맡게 된 비결이 뭐냐고 물어 보곤 합니다.

저의 대답은 어찌 보면 단순합니다. "출신이나 학벌이 인생에 걸림돌이 된다고 생각해 본 적이 한 번도 없다. 맡은 분야에서 최고의 프로, 1등이 되기 위해 노력하고 열정을 쏟은 것이 비결이라면 비결"이라고 답변합니다.

스포츠에만 아마추어와 프로가 있는 것이 아닙니다. 사회생활에서도 프로와 아마추어가 있습니다. 자신의 실력과 성과에 따라 승진하고 인센티브를 받는 게 사회의 현실입니다. 그러므로 자신이 맡은 업무에서, 자신이 속한 조직에서 박지성, 이승엽 같은 프로가 되기 위해 노력해야 합니다.

국내 최고, 세계 최고의 프로가 되겠다는 각오로 전문분야를 꼼꼼히 파고들어야 합니다.

일례로 저는 2005년부터 6년 동안 삼성 중국법인 사장을 지냈습니다. 당시 중국에 관한 한 삼성그룹 내에서 최고의 전문가가 되겠다는 마음을 먹고 끊임없이 공부했습니다. 그 결과 지금은 삼성그룹 내에서 최고 수준에 이르렀다는 자부심을 갖게 되었습니다.

프로가 되는 첫 번째 지름길은 끊임없는 학습

프로는 하루아침에 만들어지지 않습니다. 어떤 프로가 될지 깊이 고민하고 장기간 준비해야 가능합니다. 이 과정에서 가장 중요한 것이 끊임없는 학습입니다. 하루가 다르게 급변하고 있는 시대를 살고 있는 만큼 변화의 흐름을 따라잡기 위해서는 꾸준한 학습이 필수적이죠. 그런데 대학을 졸업하게 되면 학습할 생각은 하지 않고, 초·중·고·대학생활 16년간 배운 지식만으로 30년의 사회생활을 버티는 사람들이 너무나도 많습니다.

저는 지금도 매달 4~5권의 책을 읽습니다. 보고를 받는 중간에도 틈이 나면 책을 읽고 집에서도 화장실, 침대 등 집안 곳곳에 책을 놓아둡니다. 숨을 쉬듯 독서에도 습관이 필요하기 때문입니다.

여러분은 지금 학생입니다. 학생이라는 단어에서 엿볼 수 있듯이 무엇보다 공부를 열심히 해야 합니다. 전공 공부는 물론이고 다방면에 걸쳐 많은 공부가 필요합니다. 나아가 대학을 졸업하고 사회생활을 시작하게 되더라도 끊임없이 공부해야 합니다.

'공부에서 해방이다'라고 생각하는 순간 프로는 저 멀리 도망가게 됨을 명심하시기 바랍니다. '이제부터 진정한 공부의 시작'이라는 자세로 더 열심히 공부하십시오. 모든 독서가가 성공한 사람은 아니겠지만 성공한 사람 중에서 독서가가 아닌 사람은 없다는 것을 명심하고, 대학생 때부터 끊임없이 학습하는 습관을 가지길 당부합니다.

타인과의 갈등 극복 역량과 소통 능력을 가져라

프로가 되기 위해서는 갈등을 극복하고 상대방과 소통하는 능력을 가지는 것도 중요합니다. 잘 아시다시피 세상은 나 혼자가 아닙니다. 나와 다른 사람들로 구성되어 있는 것이 사회입니다. 여러분도 대학생활을 하며 동아리 등 여러 단체에서 활동해 보았을 것입니다.

그리고 그 과정에서 의도하지 않았던 갈등을 많이 겪어 봤을 것입니다. 갈등을 원만하게 해결하지 못해 불신이 쌓이고, 결국에는 단체가 와해되는 경우도 경험했을 것입니다.

사회생활에서도 어느 조직이든 남-여, 상사-부하, 직원-고객, 내국인-외국인 등 자신과 다른 가치관을 가진 사람이 너무나도 많습니다. 그래서 사회생활에서, 또 프로가 되는 데 있어 중요한 능력 중 하나가 바로 커뮤니케이션 능력, 이해와 배려를 바탕으로 한 소통 능력입니다.

상대방을 이해하고 배려하는 자세를 갖추게 되면 상대방도 나를 이해하고 배려하게 될 테고, 갈등은 해결될 수밖에 없게 됩니다. 여러분도 대학문을 나서고 나면 더 많은 갈등이 기다리고 있을 것입니다. 그때를 생각하며 지금부터 소통하는 능력을 서서히 키워 나가기를 바랍니다.

겸손함과 인간미를 갖춘 프로

실력과 소통 능력을 갖춘 프로에 덧붙이고 싶은 한 가지는 겸손함과 인간미입니다. 프로페셔널한 사람이 인간성이 별로라면 어떨까요? 실력과 함께 인간미는 프로를 넘어 리더로 나아가기 위한 중요한 덕목입니다.

우선 겸손한 마음을 가져야 합니다. 때로는 지는 것도 이기는 것이라고 생각하고, 항상 경청하는 자세로 상대방 이야기에 귀를 기울여야 합니다. 특히 프로가 된 후에도 겸손이 몸에 배어 있어야 합니다. 겸손하지 않은 리더에게는 팔로어(Follower)들이 믿고 따르지 않습니다.

장 쟈크 루소도 "이끄는 법을 배우려면 먼저 따르는 법부터 배워야 한다"고 했습니다. 모든 것의 바탕이 되는 인간미를 갖추는 데도 심혈을 쏟으십시오. 인간미를 보여주는 대표적인 활동인 봉사활동을 예로 들어봅시다.

시간이 부족해서, 능력이 부족해서 봉사활동을 할 수 없다는 대학생들이 많습니다. 사회생활을 하게 되고 여유가 생기게 되면 봉사활동을 하겠다는 생각을 가진 분들도 있겠죠? 그런데 사회생활을 하다보면 시간이 지금보다 더 없습니다.

주변을 돌아보는 활동은 그리 어려운 일이 아닙니다. 내가 받은 사랑을 사회에 되돌려 준다는 감사한 마음만 있으면 봉사활동은 쉽게 시작할 수 있습니다. 가정형편이 어려운 청소년을 대상으로 한 학습지도도 좋고, 요양시설에 계신 어르신들의 말벗이 되어드릴 수도 있을 것입니다. 사회의 일원으로서, 그리고 배운 사람으로서 봉사활동을 통해 인간미를 표현한다면 그야말로 금상첨화가 아닐까요?

그러한 따뜻한 마음을 가진 사람이 기업에 들어가게 되면, 그 기업은 소통하는 문화가 저절로 구축 될 것입니다. 삼성생명도 사회공헌활동을 선택이 아닌 필수로 여기며 한 해 600~800억 원 정도를 각종 사회공헌사업에 쓰고 있으니, 많은 관심을 가지시기 바랍니다.

인생목표는 크고 장기적으로 세우자

여러분은 지금 대학을 졸업하고 나면 어떤 일을 하게 될까, 어떤 회사를 다니게 될까 많은 고민을 하고 있을 것입니다. 치열한 사회생활을 어떻게 헤쳐가야 할지 걱정하는 분도 많을 것입니다.

그러나 완벽히 준비된 사람은 도전을 두려워하지 않습니다. 실전에 나가서도 백전백승으로 이어집니다. 손자병법에 '나가서 싸워라'라는 얘기보다 '준비하라'는 얘기가 더 많은 것도 같은 맥락이라고 할 수 있죠. 스펙만 쌓으며 준비하지 말고, 인성과 실력을 모두 갖추기 위해 노력하기 바랍니다.

또 하나! 인생의 목표를 크게 잡으십시오. 호랑이를 그리려고 하면 고양이라도 그릴 수 있지만 처음부터 고양이를 그리려고 하면 쥐새끼밖에 못 그리게 됩니다.
목표를 크게 잡고 그 목표를 향해 한 걸음씩 실행해 나간다면 최고의 프로, 성공하는 리더가 눈앞의 현실로 다가와 있을 것입니다.

"꿈을 날짜와 함께 적어놓으면 목표가 되고, 목표를 잘게 나누면 계획이 되며, 그 계획을 실행에 옮기면 꿈이 실현된다"는 말이 있습니다. 여러분의 꿈이 실현되기를, 여러분 모두가 프로가 되기를 힘차게 응원합니다.

Joy Together!
폭넓은 경험과 긍정의 마인드

김정태
하나금융그룹
회장

금융감독원이 주최하는 '꿈을 나누는 대학생 금융캠프'와 캠퍼스 금융토크 개최 1주년을 기념하여 발간하는 '꿈을 나누는 캠퍼스 금융토크 365'는 우리나라 젊은이들에게 올바른 금융 지식과 현안을 전파하고 알리는 의미 있는 일이라 생각합니다.

한국 경제를 포함한 글로벌 경제는 불확실성이 확대되면서 과거와 달리 미래를 예측하는 일이 힘들어지고 있으며, 많은 부분에서 리스크가 확대되고 있습니다.

그러나 준비된 자에게는 현재의 위기가 좋은 기회가 될 수 있습니다. 젊음이라는 가장 큰 무기를 갖고 계신 여러분께서 어려운 시기에 더욱 발전되길 바라는 마음에 인생의 선배로서 몇 가지 말씀을 드리고자 합니다.

많은 분야에서 폭넓은 경험

오늘날 많은 젊은이들이 힘들게 대학에 입학한 후 취업을 위해 많은 시간을 도서관에서 보낸다고 여러 매체를 통해 들었습니다.

치열한 경쟁 속에서 자신의 실력을 배양하는 것도 중요하지만 젊은 시절에 도서관 밖의 넓은 세상에서 교과서에서는 주지 못하는 값진 경험을 많이 쌓았으면 좋겠습니다.

제가 경험한 사회는 책에서 얻는 소중한 지혜 못지않게 세상에서 얻은 귀한 경험도 살아가는 데 큰 가치가 있었습니다.

인생을 즐기는 생활

저는 평소 후배들에게 또는 여러 강의를 통해 무엇을 하든지 즐거운 마음으로 임하라고 얘기합니다. 그런 의미에서 제 사무실의 명패도 '모두 함께 즐기자'라는 뜻으로 제 이름 이니셜 JT를 따서 'Joy Together'라 하였습니다. 저 역시 지금까지 제게 주어진 일을 즐거운 마음으로 임했기에 행원으로 시작해서 그룹 회장의 자리까지 이를 수 있었습니다. 앞으로 많은 일들을 경험하실 여러분께서 언제나 긍정의 마인드를 갖고 모든 일에 즐겁게 임한다면 여러분들이 계획했던 모든 일들을 이룰 수 있을 겁니다.

대한민국의 미래를 이끌어갈 여러분!

지난 7월 하나은행 신갈 연수원에서 여러분의 젊은 패기와 뜨거운 열정을 보며 우리나라의 미래 금융산업이 오늘의 발전을 뛰어 넘어 세계 시장에서 중추적인 역할을 할 것이라는 생각이 들었습니다.

앞으로의 여러분 삶에서 도전정신과 탐구정신, 그리고 할 수 있다는 자신감을 갖고 더 큰 세상을 향해 힘차게 비상하길 진심으로 바랍니다.

꿈, 용기, 자신감을 항상 지녀라
Be Ambitious, Brave and Confident!

손병옥
푸르덴셜생명
사장

아마도 요즘 젊은 세대들에게는 졸업 이후에 나아가야 할 사회라는 곳은 기대보다는 두려움으로 다가오지 않을까 하는 생각이 든다. 연애, 결혼, 출산을 포기한 '삼포세대'에 취업까지 포기한 세대를 이르는 '사포세대'라는 말이 힘든 현실을 반영한다는 점을 보면 말이다.

20대들이 젊은이 다운 패기와 도전정신을 잃었다는 말도 자주 들린다. 마음속에 큰 꿈을 갖고 있다 하더라도 크고 작은 좌절들을 겪다 보면 누구나 조금씩 용기를 잃게 마련이다. 이럴 때일수록 스스로에게 용기와 자신감을 불어넣을 수 있는 주문이 필요하다.

'일기일회(一期一會)'라는 말이 있다. 모든 것은 생애 단 한 번이기 때문에 매순간마다 최선을 다해야 한다는 것이다. 많은 사람들이 성공의 비결로 열정을 꼽지만 열정은 누구에게나 있다. 필자의 경험에 비추어보았을 때도 '열정'은 타고난 것 보다는 '습관'에 가깝다. 매순간과 기회를 소중하게 여기는 마음이 곧 열정으로 나타나기 때문이다.

절대 긍정과 절대 자신감을 불어넣어 준 'ABC'

내가 대학생 대상 강연이나 사회 초년생들을 만나는 자리에서 인생 선배로서 항상 강조하는 말이 있다. 바로 "ABC를 명심하라"는 것이다. 여기서 A는 Ambitious(꿈), B는 Brave(용기), C는 Confident(자신감)이다. 꿈을 크게 세워 두려움을 버리고 자신감을 갖고 당차게 꿈을 펼치라는 뜻이다. 특히, 'ABC'를 위해서 젊으면 젊을수록 더 자기개발과 시간관리를 중요하게 여겨야 한다.

내가 대학을 졸업한 1970년대 초는 직장 여성이 흔치 않던 시절이었다. 더욱이, 영문학을 전공한 내가 전혀 다른 분야인 금융권으로 진로를 결정했을 때, 많은 용기가 필요했다. 하지만, 나는 내 스스로 도전하고 포기하지 않았다. 생소한 경제 용어에 친숙해지고, 업무가 손에 익기까지 거의 매일 점심을 거르며 일에 열중했던 기억이 있다.

새로운 분야에 눈을 뜨면서 전문지식을 제대로 한번 공부해보고 싶다는 욕심으로 직장과 학업을 병행하면서 마침내 MBA과정을 수료하던 날, 감격스런 마음으로 '살아가면서 평생 배움을 실천하겠다'고 다짐했던 기억이 생생하다. 나는 그렇게 꿈을 하나씩 이뤄왔다.

스펙보다 창의력과 소명의식

금융업계 취업을 희망하는 많은 대학생들이 오해하는 것 중 하나가 금융업계에서는 전문적인 지식과 높은 스펙을 갖춘 인재를 선호한다는 것이다. 물론 관련분야 전문 지식도 중요하지만, 금융업계는 오히려 창의력과 소명의식을 갖고 도전해야 하는 곳이다. 창조적인 사고가 몸에 밴 사람은 다양한 분야에서 창조적 사고를 할 수 있는 열쇠를 쥐고 있다. 또한, 일에 대한 소명의식이 있는 사람들은 함부로 일을 하지 않는다. 내가 몸담고 있는 생명보험의 경우는 다른 금융상품과 달리 죽음과 질병 등 인간이 살면서 닥칠 수 있는 다양한 위험을 보장해야 하는 상품이기 때문에 사람으로 치면 체온과 온기를 느낄 수 있는 금융상품이라 할 수 있다. 그래서 푸르덴셜생명에서는 항상 보험이란 단순한 금융상품이 아니라 가족을 지키기 위한 것이라는 믿음을 가지고 있다.

시간 관리도 중요하다. 계획을 세우는 일은 큰 항아리에 물, 돌, 자갈, 모래처럼 서로 성질이 다른 요소를 채우는 것과 같다. 큰 항아리에 물과 돌, 자갈과 모래를 섞을 때 물부터 부으면 다른 것들은 하나도 채울 수 없게 되지만 돌, 자갈, 모래, 물 순으로 넣으면 모두 제자리를 찾을 수 있다.

계획을 짜면서 크고 중요한 일부터 먼저 배치하고 그 틈에 우선순위대로 할 일을 집어 넣으면서 치밀한 계획을 세워야 한다.

그리고 취업을 앞둔 대학생들에게 하고 싶은 말은 인생의 반려자를 찾듯 평생 일하고 싶은 직장을 찾아서 회사와 함께 성장하라는 것이다. 나는 직업이란, 회사를 3~4년 일하고 여기저기 옮겨 다니며 몸값을 올리는 것이 아니라, 업에 대한 자신의 가치관을 세우고 이를 실현할 수 있는 직장에서 꾸준히 근무하면서 만사(萬事)를 경험하며 실적과 신뢰를 쌓는 것이라 생각한다. 그러므로 어떤 직업을 택할 것인지를 결정하기 위해서는 학창시절 많은 도전과 경험을 해 보아야 한다고 생각한다.

아무것도 기대하지 않는 사람은 실망도 없다

꿈을 이루기 위해서는 가만히 앉아 생각만 할 것이 아니라, 용기를 내어 실천하고 부딪혀봐야 한다. 아무것도 기대하지 않는 사람은 실패를 겪지 않기 때문에 실망하는 일도 없다. 젊은 시절에는 도전해보고, 실망하는 것보다 아무것도 기대하지 않는 것이 더 나쁘다.

지금 어딘가에서 꿈꾸고 있을 젊은이에게 전하고 싶다. 여러분들이 겪는 모든 경험은 생애 단 한 번뿐인 것이다. 지금 이 순간을 놓치지 말고, 'ABC'를 기억하며 매 순간마다 최선을 다하길 바란다. 그러면, 반드시 여러분의 꿈이 현실로 바뀌는 순간이 반드시 올 것이다.

고민하고, 궁금해 하고,
역경을 이겨내는 젊은 패기

조준희
IBK기업은행
은행장

지난해 11월 숭실대에서 진행된 금융감독원 주최 캠퍼스 금융토크를 앞두고, 젊은 청년들을 만난다는 생각에 설레면서도 한편으로는 여러분의 질문에 대해 제가 잘 설명하고, 청년취업난 등의 고민을 잘 해결해 줄 수 있을까 하는 걱정이 앞섰습니다. 그러나 실제 여러분을 만나보니 그것은 저의 기우(杞憂)였음을 금방 알게 되었습니다.

왜냐하면 제가 생각했던 것 이상으로 대학생 여러분들께서 하우스푸어, 가계부채 문제 등 우리 경제의 당면 현안들에 대해 깊이 생각하며 고민하고 있었고, 우리가 나아가야 하는 금융의 미래에 대한 관심과 열정이 대단했기 때문입니다. 여러분들의 그러한 모습을 보고, 오히려 우리 대한민국의 미래는 매우 밝고 희망차다는 생각을 했습니다.

최근 금융환경은 빛의 속도보다 더 빠르게 변하고 있습니다. 금융업무도 과거의 예금·대출 등 단순업무에서 자산관리, 재무설계, 컨설팅, 투자금융 등 전문분야로 확장되고 다른 산업과의 융합도 활발히 진행되고 있습니다.

금융은 실물경제 못지않게 국가경제 발전에 매우 중요한 역할을 합니다.

최근 글로벌 금융위기를 거치면서 그 중요성이 다시 한 번 입증되었습니다.

따라서 금융의 경쟁력이 그 나라의 경쟁력이라고 해도 과언이 아닙니다. 지금은 그 어느 때보다 열정과 패기를 갖추고, 새로운 생각과 지식으로 무장한 인재들이 필요한 시점이라고 생각합니다. 따라서 무한한 가능성과 끝없는 도전이 기다리고 있는 금융의 세계에 젊은 인재들이 과감히 그리고 많이 도전했으면 합니다.

생(生)을 일일결산하되, 업무는 미래를 생각하면서 행(行)하자

저는 1980년에 IBK기업은행에 입행하여 방산지점(현 청계5가)에서 행원으로 은행업무를 시작했습니다. 32년이라는 긴 시간동안 어렵고 힘든 순간도 많았지만, 비록 제가 하는 일이 큰일은 아니더라도, 은행을 위해서 꼭 필요한 일이라고 생각하며 늘 주인의식을 갖고 임했습니다. 그렇게 하루하루 최선을 다해 생활하다보니 주변의 인정을 받았고, 오늘날 은행장이라는 자리에까지 오를 수 있었습니다.

저는 은행업무를 하면서 반드시 지키려고 했던 원칙이 있었습니다. 생(生)은 일일결산하되, 은행업무는 미래와 장기비전을 생각하면서 행(行)한다는 것이었습니다. 즉, 그날 있었던 일은 꼭 그날그날 결산하는 것이고, 은행업무는 5년 후, 10년 후를 내다보고 고민하여 추진하는 것입니다.

이런 생각과 행동들이 오늘의 저를 만든 원동력이라고 생각합니다.

나무는 차디찬 겨울이라는 시련과 역경을 잘 견뎌내고 이겨내야만 봄에 진한 향기를 가진 아름다운 꽃을 피울 수 있습니다. 여러분들께서 꿈을 꾸고 계신다면, 또한 꿈이 반드시 이루어지기를 바란다면 눈앞의 시련과 어려움을 자신이 더욱 발전할 수 있는 기회라고 생각하며, 피하지 말고 젊은 패기로 정면으로 부딪혀 나가시기 바랍니다.

그리하여 더욱 단단하고 야무진 인재로 성장하여 대한민국의 금융은 물론, 나아가 우리 대한민국 경제의 든든한 버팀목이 되어주기를 바랍니다. 저와 IBK기업은행은 늘 여러분의 도전을 응원하겠습니다.

마지막으로 이번 '캠퍼스 금융토크'처럼 젊은 청년과 함께 고민하는 자리가 자주 마련되어 우리 사회가 모든 분야에서 막힘없이 소통이 되는 사회가 되기를 희망하며, 여러분들이 가진 꿈들이 꼭 이루어지길 기원합니다.

꿈과 경험, 인간관계로 만들어가는 인생 성공

최현만
미래에셋그룹
수석부회장

금융인을 꿈꾸는 후배 여러분 안녕하십니까? 어느덧 금융권에 제가 발을 들여놓은 지 이제 24년째를 맞게 됩니다.

사실 동기 중에서는 거의 꼴찌에 가까운 서른 줄에 증권회사에 입사했음에도 불구하고 거의 2/3에 달하는 기간을 CEO(최고경영자)로 살았으니 저만큼 운이 좋은 사람도 드물다는 생각을 가끔 합니다. 이처럼 금융인으로서, 나름대로 성공적인 직장생활을 할 수 있었던 이유들을 우리 후배님들과 나누어보고 싶습니다.

꿈을 가지고 그 꿈에 몰입하자

첫째로 강조 드리고 싶은 것은 '꿈을 가지고, 그 꿈에 몰입하자'는 것입니다. 대학을 10여 년 만에 졸업하고 주어졌던 증권회사 생활은 팍팍하고 힘든 일상이었지만, 저는 고객들에게 인정받는 영업자가 되겠다는 꿈이 있었고, 그 꿈을 위해 매일 새벽 5시면 각 증권회사들이 발간하는 리포트를 수거한 다음 다시 그것을 아침 출근 시간 전까지 고객들이 쉽게 이해하실 수 있도록 모두 읽고 정리하는 일을 했습니다.

지금처럼 온라인으로 편하게 모든 자료를 접할 수 있는 상황과 비교하면 격세지감의 일이었습니다. 자료를 보시고 무뚝뚝하게나마 고객이 말씀을 건네주실 때 한없이 기쁘고 가슴이 설레었습니다. 육체적으로 힘들고 지칠지라도 한 분, 두 분의 고객과 거래 관계가 새롭게 형성될 때의 희열은 그 몇 배에 달했습니다.

이처럼 내가 몰입할 수 있는 꿈을 꾸어야 합니다. 금융업의 이미지는 상대적으로 높은 소득, 전문적 지식 등 화려한 면을 가지고 있고 많은 젊은이들이 이 때문에 금융업에의 취업을 꿈꿉니다. 그렇지만 부나 명예, 혹은 다른 여러 화려한 면들은, 그 자체를 추구할 때 얻어지는 것이 아니며, 나의 꿈에 몰입할 때 결과적으로 수반되는 하나의 부산물이라는 점을 강조 드리고 싶습니다.

여느 다른 직업과 마찬가지로, 고객의 마음을 얻어야 하는 것이 금융업입니다. 고객의 마음을 얻기 위해서는 성실하게 실천해야 하고, 몰입하지 않고는 성실하게 실천하기 어렵습니다. 철저한 분석 연구와 첨단 금융공학을 통해 아무리 화려한 상품을 개발하더라도, 고객에게 수익을 올려다 드리지 못한다면 아무 소용이 없습니다. 금융인으로서의 자질은 항상 고객을 생각하는 꿈, 그것에 대한 몰입에 있다고 생각합니다.

다양한 경험을 통해 직관적 통찰력을 갖자

두 번째 강조하고 싶은 것은 다양한 경험입니다. 우리 미래에셋그룹에는 아마 바둑 6단의 직원이 금융공학 분야에 근무하고 있고, 화학회사의 실험실에 근무하다 합류한 애널리스트도 있습니다. 중국 베이징에서 아이스크림 장사를 해 본 직원도 있지요. 이같이 다양한 경험들이 용광로에서처럼 용해될 때 훌륭한 금융 서비스가 이루어질 수 있습니다.

전 세계 주식 시장에 상장된 기업 수가 10만 여개에 달하고, 주식 시장의 시가 총액은 60조 달러에 달합니다. 언뜻 상상도 가지 않는 다양성이 이 금융시장에 존재합니다. 계량적이고 전문적인 지식도 물론 중요합니다만, 다양한 경험을 통해 얻어지는 직관적 통찰력이야말로 성공적인 금융인이 되기 위한 자양분이라고 할 수 있겠습니다.

이 때문에 미래에셋은 미국, 영국 등 금융 선진국뿐 아니라 브라질과 베트남 등 신흥시장에도 거점을 마련하여 해외의 변화를 현실적으로 파악하는 노력을 경주하고 있습니다.

실질적인 경험 기회를 갖는 것이 더할 나위 없이 좋겠지만, 여의치 않을 경우도 많습니다. 광범위한 분야에서의 독서는 충분히 이러한 어려움을 보완해 줄 것입니다.

중국의 많은 경제학자들은 서구 중심의 계량적 접근보다는 주로 한국이나 일본을 위시한 국가들의 경제개발사를 집중적으로 연구한다고 합니다. 현실을 경영하는 데 역사적 교훈만큼 소중한 것은 없기 때문일 것입니다. 폭넓은 독서를 통해 다양한 분야와 상황에 대한 통찰력을 가지시기 바랍니다.

관계는 인생을 통해 안고 가야 하는 소중한 자산이다

마지막으로 강조하고 싶은 것은 관계에 충실하라는 것입니다. 고객과의 관계, 선후배와의 관계, 가족과의 관계 모든 것이 여러분이 인생을 통해 안고 가야 할 소중한 자산입니다. 저 자신 미래에셋그룹의 창업주이신 박현주 회장을 포함한 선후배 동료들과의 깊은 유대 관계가 있었기에 오랜 기간을 CEO로서, 또 '간접투자문화'와 '은퇴시대 준비'라고 하는 금융 시장의 중요한 주제를 발굴하고 추진할 수 있었다고 생각합니다.

물론 삶에 있어서 훌륭한 멘토를 만난다는 것은 다분히 운에 좌우되는 면이 있습니다. 하지만 항상 열린 마음을 가지고 주변 사람들과 소통하려는 준비를 한다면 좋은 멘토를 만날 수 있는 기회는 보다 늘어날 것입니다.

한나라의 유방은 결점이 많은 사람일지라도 한신, 장량 등 천하의 인재를 가까이하여 전국을 통일했지만 항우는 범증을 비롯해 많은 인재를 놓쳤기에, 우세한 전력을 갖추고도 몰락의 길을 걸었음을 알고 계실 겁니다.

항상 진취적인 생각을 하고, 배우려는 마음을 가지시기 바랍니다. 또 다양한 주제에 대한 관심을 가지고 어떤 주제에서든지 즐거운 대화를 나눌 수 있는 준비를 한다면, 여러분의 일생을 함께 할 좋은 관계들을 만들어 가실 수 있을 것으로 생각합니다.

"Incredibly Credible!"

유상호
한국투자증권
사장

"훌륭한 금융인으로 성장하려면 무엇이 가장 중요한가요?" 필자가 영국 런던에서 근무하다 귀국한 이후 지난 수년 동안 만나 본 많은 대학생들 중에 금융에 관심이 있는 학생들에게서 가장 많이 들었던 질문이다.

사람이 세상을 살아가면서 어느 업종에 종사하든지 기본적으로 지켜야 할 덕목이나 규범은 크게 다르지 않을 것이다. 하지만 금융은 실물이 오고가지 않으면서도 대규모의 자금이 수반되는 거래라 그 무엇보다도 거래상대에 대한 신뢰가 가장 중요하다고 하겠다.

필자가 런던의 금융중심지인 'The City'에 부임한 1992년 초는 한국이 주식시장을 외국인들에게 처음으로 개방한 때다. 따라서 필자의 임무도 영국을 포함한 유럽의 기관투자가들에게 한국주식을 소개하고 투자를 유도하는 것이었다. 한국에서는 처음 시작된 일이었고 더구나 일면식도 없는 동양인이 세계금융의 중심지에서 자리를 잡기란 결코 쉬운 일이 아니었다. 초기에 수많은 시행착오와 좌절을 겪으면서 느꼈던 스스로의 위안은 '내가 만약 주식이라는 무형의 상품이 아니라 실물인 TV를 팔러 왔다면 훨씬 잘하지 않았을까?' 하는 것이었다.

TV와 같은 제품은 설명서에 사진은 물론 세부적인 성능과 규격이 국제기준에 맞게 수치로 표시되어 있으니 경쟁제품과 가격 대비 성능을 비교해 가며 설명하면 상대적으로 쉽게 설득 할 수도 있을 것 같았다. 더구나 필요하면 실제 물건을 가져와서 가동해 볼 수도 있다. 그런데 그 TV를 만드는 회사의 주식을 팔 때는 회사의 복잡한 사업구조나 수익성, 향후 전망 등은 물론 글로벌 경제 흐름과 관련 산업의 전망까지 줄줄이 꿰고 있어야 함은 기본이다.

거기에 조사 자료라는 종이 몇 장을 갖고 그 주식이 오를 것이라는 믿음을 주어야 한다. 더구나 대부분의 경우 이런 거래는 규모도 크거니와 매입 후에 불만이 있어도 반품이 되지 않는다. 또한 A라는 상표의 TV를 사려면 어느 판매망을 통하건 A를 사게 되지만 A를 만드는 회사 주식을 살 때는 필자의 아이디어를 채택했다 하더라도 굳이 한국 증권사가 아닌 글로벌 증권사를 통해서도 얼마든지 살 수가 있다.

금융은 거래상대방에 대한 신뢰가 가장 중요

따라서 상대방에 대한 인간적인 신뢰가 없다면 결코 큰 거래를 할 수가 없는 것이다. 신뢰를 얻기 위해 가장 좋은 방법을 고민하다 내린 결론은 '처음부터 끝까지 고객의 입장에서 같이 고민하고 고객의 이익을 극대화하는 데 최선을 다하자'였다.

그 당시 유럽의 투자가들에게 한국은 생소한 나라였고 한국주식에 투자해 본 경험도 없었다. 그런데 거기다 대고 대부분의 주식브로커들이 무조건 주식을 사라고만 하니 그들이 한국주식 브로커는 영어를 'Buy'밖에 모른다고 비아냥거릴 때였다.

그들이 실제로 필요로 하는 것은 한국의 각종 제도와 법규, 기업회계기준 등 투자에 앞서 습득해야 할 기본지식일 터라 해당 영문자료들을 준비하여 같이 스터디를 하자고 했더니 다들 신기해하면서도 반가워했다. 고객들이 준비가 될 때까지 영업과 관련한 얘기는 하지 않고 열심히 자료를 가져다 공부를 시켜줬더니 때가 되자 알아서 주문을 주기 시작했다.

기본적으로 펀드매니저 브로커는 자신의 이익을 위해 고객에게서 수수료를 뜯어낸다는 시각을 갖고 있다. 이를 불식시키기 위해 설령 주문을 못 받는 한이 있어도 항상 솔직하고 투명하게 일을 처리하고자 했다. 때로는 고객의 매매방향이 잘못되었다는 확신이 들 때는 완곡하게 주문을 거부하는 치기도 부렸다. 자신이 틀릴 수도 있는데 그 위험을 감수하고 고객의 주문을 거부하는 브로커에게 고객들은 노여움보다 신뢰를 주었다.

그런 소문들이 모여 좋은 평판을 만들어 주었고 브로커들에게 까다롭기로 악명 높은 펀드매니저가 스스로 전화를 걸어와 거래를 제의해 오기도 했다.

영국에서도 유능하기로 소문난 한 고객은 2주 동안 휴가를 가는 동안 자신이 보유하고 있는 한국 포트폴리오의 일부분을 필자에게 맡기고 알아서 매매를 하도록 하는 전무후무한 일도 생겼다.

**항상 상대방의 입장에서 다시 한 번 생각해 보고
서로 'Win-Win'할 수 있는 방안을 찾자**

당시 런던에서 막강한 영향력을 행사하던 중동의 한 국부펀드는 세금문제 때문에 한국에 투자를 하고 싶어도 못하는 상황이었다. 한 2년쯤 주문이 없자 그 많던 브로커들이 다 떠나고 필자 혼자 남아 변함없이 서비스를 했다. "내 임기 중에 안 되더라도 내 후임자 때 가서는 꽃을 피우겠지" 하는 심정으로 거래도 없이 만 6년을 서비스 했더니 세금문제가 해결되면서 필자의 가장 큰 고객 중의 하나가 되었다.

이런 거래 경험들이 모여 신뢰가 쌓이고 평판이 형성되는 것이다. 그 결과 운이 좋게도 필자는 전 세계에서 한국주식 영업에 있어 최고의 실적을 올리며 고객에게 'Incredibly Credible!'이라는 지금 생각해도 분에 넘치는 찬사도 받아 보았다.

항상 상대방의 입장에서 다시 한 번 생각해 보고 서로 'Win-Win'할 수 있는 방안을 찾는 자세, 내 입으로 한 중요한 약속뿐만 아니라 일상생활 속에서 쉽게 한 말일지라도 지키고자 노력하는 자세, 신뢰는 여기서 싹트고 커 가는 것이다.

글로벌 금융위기 이후 금융산업은 그 어느 때보다 고객들로부터 신뢰의 위기를 맞고 있다. 우리 금융인들도 신뢰회복을 위해 다시 초심의 자세로 돌아가야 함은 물론 금융에 대한 열정과 관심을 갖고 있는 대학생들도 이런 점을 가슴에 새기고 같이 동참하여 노력한다면 한국의 금융산업이 신뢰를 회복함은 물론 세계시장에서도 그 위상을 공고히 할 수 있을 것이다.

행복한 금융과 금융인으로 성공하기

성세환
부산은행
은행장

먼저 이렇게 뜻 깊은 행사에 토론자로 직접 참여하여, 앞으로 대한민국 금융산업을 이끌어갈 인재들과 격의 없이 소통할 수 있는 기회를 갖게 되어 무척이나 영광스럽게 생각합니다.

또한 짧은 만남이었지만 참여하신 여러분들의 뜨거운 열정과 자기 발전의 노력에 크게 감명 받았으며, 앞으로 한국의 금융산업이 세계로 뻗어나갈 수 있다는 희망을 다시금 확인할 수 있었습니다.

이처럼 소중한 경험을 지면으로나마 더욱 많은 분들과 나눌 수 있기를 기대하며, 제가 걸어온 은행원으로서의 여정과 함께 금융인의 꿈을 키우고 계신 여러분에게 도움이 될 이야기들을 전해드리고자 합니다.

은행원으로서 걸어온 35년

저는 부산에서 대학교를 졸업하고 부산은행에서 사회생활을 시작하여 지금 현재까지 부산은행의 직원으로서 은행원의 길을 걷고 있습니다.

토론회에서 제 학창시절의 꿈이 은행원이었는지를 묻는 질문이 있었는데, 솔직히 말씀드려서 처음부터 은행원이 되겠다는 각오로 전공을 결정하거나, 취업을 준비하지는 않았습니다.

대학 시절 경제학을 전공하면서 자연스럽게 접하게 된 화폐금융론과 재정학 과목에 가졌던 관심이 자연스럽게 제 진로를 결정하는 '터닝포인트'가 되었습니다.

제가 취업을 결정했던 1979년은 중동 특수로 졸업과 동시에 대기업에 취직하는 동기들이 많았지만, 저는 제가 잘할 수 있고, 또 제가 성장한 지역에 보탬이 되는 직업이라는 생각으로 은행원의 길을 선택하였습니다.

그리고 지난 35년간 은행의 발전을 위해 맡은 바 업무에 최선을 다한 결과, 이렇게 후배 금융인들에게 제 생각과 경험을 전할 수 있는 위치까지 이를 수 있었습니다.

금융의 역할과 책임, 그리고 부산은행의 행복한 금융

여러분들도 잘 아시다시피 오늘날 금융산업은 급격한 패러다임의 변화를 겪고 있습니다.

과거 혁신적인 금융기법과 상품을 개발하여 고객의 자산을 늘리고 기업의 효율적인 성장을 지원하는 데 초점을 맞추었다면, 2008년 글로벌 금융위기를 기점으로 금융산업의 중요성이 재조명되면서 보다 많은 사람들과 금융산업 발전에 따른 성과를 공유하고, 이를 통해 안정적인 경제생태계를 뒷받침하는 역할까지도 금융의 사회적 책임으로 자리잡아가고 있습니다.

그 대표적인 예가 서민금융 확대를 비롯한 상생경영 실천과 소외된 이웃에게 따뜻함을 전하는 사회공헌활동 등 금융권의 사회책임 경영확산일 것입니다. 최근 이러한 금융산업의 변화를 지켜보면서 '은행의 가장 큰 경쟁력은 바로 고객의 신뢰'라는 제 오랜 신념이 틀리지 않았다는 확신을 가지게 됩니다.

제가 몸담고 있는 부산은행은 지난 IMF 외환위기 시절, 많은 은행들이 역사의 뒤안길로 사라지는 상황에서 '부산은행 주식갖기 운동'에 자신의 일처럼 동참해주신 고객들의 믿음에 힘입어 다시금 도약의 발판을 마련할 수 있었습니다.

그리고 이러한 성원에 보답하기 위해 지역경제가 어려울 때마다 먼저 상생을 실천하며 힘이 되어주는 은행, 주변에 소외된 이웃에게 따뜻함을 전하는 은행이 되어야 한다는 책임의식으로 지역경제 활성화와 지역사회공헌활동에 앞장서 왔습니다.

이렇듯 고객과 은행이 동반자로서 서로의 믿음을 키워왔기에 부산은행은 지역에 기반을 둔 최초의 지역금융그룹인 BS금융그룹의 모태가 될 수 있었으며, 현재의 어려운 경영환경에서도 우수한 경영실적으로 거둘 수 있었다고 자부합니다.

신뢰와 성실을 바탕으로 한 성공한 금융인

얼마 전 부산은행이 신입행원 선발에 많은 지원자가 몰렸다는 이야기를 듣고 다시 한 번 높아진 금융권 취업 열기를 실감할 수 있었습니다.

대부분의 지원자들이 높은 스펙을 보유하고 있어 선발이 더욱 어려워지고 있다는 실무자들의 보고를 받으면서, 저는 은행원이 되는 방법이 아닌 금융인으로 성공적인 직장생활을 할 수 있는 조언으로 이 글을 마무리하고자 합니다.

금융이란 상호 간의 신뢰를 바탕으로 발전하는 산업이기에 그 구성원들의 최고 가치 역시 신뢰가 되어야 한다는 것입니다. 고객들에게 믿음을 주고 그 믿음으로 자신의 가치를 인정받는 직업이 바로 금융인이기 때문입니다.

'무엇이든지 믿고 맡길 만한 신뢰감 있는 사람'이 되는 것은 하루아침에 될 수 있는 것은 아니지만, 가장 가까운 가족과 친구들 간의 신뢰와 믿음부터 소중히 생각하고 점점 그 범위를 넓혀 나가다 보면 금융권에서 원하는 인재상에도 가까워질 것이라 생각합니다.

다음은 성실을 강조하고 싶습니다.

각자의 분야에서 두각을 나타내거나 성공한 사람들은 한결같이 성실한 자세가 밑받침이 되어 있습니다.

직장생활에서도 마찬가지입니다. 아무리 남들보다 뛰어난 역량을 가지고 있다고 하더라도 성실하지 못하다는 이야기를 듣는다면 조직에서 인정받기 어려울 것입니다. 성실한 자세로 상사로부터 신임을 얻게 된 사람에게는 보다 큰 역할과 업무가 부여될 것이고, 기회가 주어졌을 때 실력발휘를 제대로 하는 사람이 더 인정받고 좋은 결과를 얻게 될 것입니다.

여러분 모두가 금융인의 기본 덕목인 신뢰와 성실을 바탕으로 성공적인 금융인으로 성장할 수 있기 바라며, 미래 금융인들을 위한 캠퍼스 금융토크가 앞으로도 이어져 후배 금융인들에게 뜻 깊은 경험의 장으로 발전할 수 있길 기대합니다.

여성 금융인의 성공 법칙

이재경
삼성증권 상무

나는 삼성증권 최초 여성 지점장이었고 최초 여성 임원이기도 하다. 내가 한 지점, 한 사업부를 책임지고 지휘하는 위치로 성장하는 과정에서 여성이었기 때문에 억울한 일을 당했던 경우가 있었을 것이라고 생각하는 사람들이 의외로 많다. 하지만, 나는 오히려 '여성'이었고, 여성에게 유리한 '환경'과 만나는 행운이 있었기 때문에 지금의 내가 가능했다고 답을 한다. 과연 내가 지금의 위치에 설 수 있도록 도와준 최적의 조합은 무엇이었을까? 그것은 바로 '금융'과 '삼성'이었다.

무엇보다, 금융시장의 환경은 여성이 가지고 있는 특성과 잠재력이 성과창출에 유리하게 작용할 수 있도록 변화하고 있다. 특히, 이러한 현상은 여성에게 문턱이 높았던 증권업에서 더욱 두드러지게 나타난다.

VIP 고객의 자산관리를 책임지는 프리미엄 점포에서 여성 PB(Private Banker)가 크게 증가했으며, 이들의 능력도 조직에서 높게 인정받고 있다는 사실이 이러한 추세를 반증하는 결과이다. 이렇듯 최근 금융업계에서 여성이 두각을 보이는 이유는 무엇일까?

**금융업은 계량화된 성과로 평가하므로
여성에게 불이익이란 없다**

첫 번째 이유는 금융업은 종업원에 대한 선진적인 성과평가 기준을 빠르게 받아들이는 업종으로서, 사실상 여성이라는 이유로 '차별적인' 대우를 받을 여지 자체가 많지 않기 때문이다. 금융은 모든 성과와 결과가 수치화될 수 있는 대표적인 업종이라 할 수 있다.

통상적으로 여성들은 수치로 가늠할 수 있는 업무의 완결성은 높은 반면 무형요소라 할 수 있는 인적 네트워크와 조직력이 부족하다는 단점이 언급되곤 한다. 하지만 금융은 고객의 수익률, 자산관리 그리고 회사의 매출목표나 달성률 등 모든 분야에서 계량화된 수치를 가지고 평가하기 때문에 여성이라고 불이익을 받는 것이 없는 대표적인 업종이라 할 수 있다.

**고객의 니즈와 눈높이를 맞출 수 있는 감각은
여성의 비교우위**

두 번째 이유는 어린 아이의 눈높이에 맞출 수 있는 유치원 교사처럼, 고객의 눈높이와 기대에 맞춰나갈 수 있는 인력들이 각광을 받는 환경 때문이다. 집안에서 아이들과 진심으로 소통하는 사람은 역시 아빠보다는 엄마일 가능성이 높다.

금융업계에서 성장하기 위해서는 고객의 니즈를 분석하고 눈높이를 맞출 줄 아는 능력이 반드시 필요하다. 다른 사람들의 마음을 이해하고 그 사람의 관점에서 세상을 바라볼 수 있는 섬세한 감각이야 말로 여성이 가지고 있는 중요한 비교우위이다.

온갖 전문화된 경제용어와 복잡한 상품구조를 금융지식이 없는 일반인에게 제대로 이해시키기란 쉬운 일이 아니다. 특히, 금융상품이 하루가 다르게 진화하면서 이러한 여성의 능력은 고객의 위험관리에도 탁월한 능력을 발휘한다. 투자에 앞서 발생할 수 있는 위험요인을 자세하게 인지시켜드리고, 빠트리기 쉬운 부분을 체크할 수 있게 도와주지 않는다면, 당장 불완전 판매의 위험이 발생할 것이다. 고객의 눈높이에 맞춘 소통이 가능한 여성이라면 이 문제에 대해 크게 걱정할 이유가 없다.

금융업계 여성은 깐깐한
사후관리 능력에 강점을 보유

마지막 이유는 많은 제품들의 실제적 소비자인 여성이야 말로 사후관리의 중요성을 잘 알고 있기 때문이다. 집안에 가전제품이 말썽일 때 A/S를 외치는 사람은 깐깐한 엄마이다. 남성들은 작은 문제라면 "그냥 참고 넘어가자"라는 생각을 하는 경향이 많다. 금융에서는 이렇듯 사소한 문제를 반드시 짚고 넘어가는 깐깐함이 중요하다.

금융은 한 번의 구매로 모든 것이 끝나는 다른 제품판매와 달리 끊임없는 고객관리를 필요로 한다. 변화되는 세법에 따른 대응, 고객의 수입규모에 따른 적절한 운용 혹은 여신방안 제시, 그리고 인생 전반에 걸친 자산운용계획 수립 등 그 고객의 일생과 연관된 이벤트에 지속적으로 대응할 수 있어야 한다. 이런 면에서 보면 아주 깐깐한 관리능력을 갖추고 있어야 하는데 여성이 이런 면에서 강점이 있다고 할 수 있다.

금융에서 여성이 장점으로 작용한다는 자부심과 금융마인드가 필요

이상의 3가지 이유로 금융산업의 성장과 나 자신의 발전이 함께해왔다. 여기에 시너지를 발휘할 수 있었던 결정적인 요인이 하나 더 있다. 바로 삼성이라는 조직과 만났다는 것이다. 삼성은 외부에서는 굉장히 냉정한 조직으로 평가되기도 한다. 그도 그럴 것이 철저히 성과주의를 지향하고, 조직 내 사모임을 엄격히 규제하는 조직으로 유명하기 때문이다. 바로 이러한 점이 오히려 여성에게는 유리하게 작용할 수 있다.

오랫동안 남성들의 독무대였던 조직에서 여성으로서 최고의 자리에까지 이를 수 있었던 것은 이러한 객관적이고 투명한 조직문화가 있었기에 가능했다.

또한 삼성그룹은 최고 경영진이 여성인력의 중요성을 강조하고 또 중용하고자 하는 의지가 대단히 높다. 이런 조직문화에서는 최고의 역량을 발휘하고도 남성들에 의해 배후에 가려지거나 조력자로만 평가 받는 일은 절대 발생하지 않는다.

뿐만 아니라 이미 삼성그룹에는 여성 사장, 부사장이 많아 이들을 멘토 삼아 여성으로서 성장할 수 있는 커리어를 계획하고 또한 직접적인 조언을 들을 수 있는 기회가 충분히 제공되고 있다.

삼성그룹의 일원으로 금융에 몸담고 있으며 항상 고민하는 것은 "왜 다른 업종은 한국에서 세계 일류 기업이 나오는데 금융은 아직까지 세계적인 경쟁력을 갖추지 못하는가?"였다.

아직도 해답을 찾지는 못했지만 많은 우수한 인재들이 금융의 가치를 제대로 파악하고 이 업종에 종사한다면 조만간 세계적인 기업이 나올 수 있으리라 확신한다. 특히, 여성인재들의 역할이 절대적으로 중요하다. 홍콩과 싱가포르에 있는 금융회사는 유능한 여성 전문 금융인력이 많으며, 임원으로서 그 소임을 잘 수행하고 있는 여성들을 쉽게 만나볼 수 있다.

선진국으로 가기 위해서는 제조업의 경쟁력을 넘어 금융 등 고부가가치 산업에서 경쟁력을 갖추는 것이 무엇보다 필수요소라 생각한다.

그런 측면에서 선진국으로 가는 길에서 여성 금융 인력의 중요성은 더욱 중요해질 것이다. 금융에서 여성이 장점으로 작용한다는 자부심을 가지고 금융 마인드를 키워 간다면 분명 누구에게나 '최초'를 넘어 '최고'라는 수식어가 붙을 수 있을 것이다.

금융감독원장이 다시 취업에 도전한다면!
금융권 취업 8계명

1. 평상시 경제신문을 많이 읽어 경제·금융 내공을 키운다

    날마다 경제신문을 1시간 가량 꼼꼼히 읽다보면 실생활과 취업에 접목시킬 수 있는 살아있는 지식을 많이 쌓을 수 있습니다.

2. 취업하고자 하는 금융회사 연구는 필수

    회사별로 중요시하는 능력과 덕목이 다르죠. 당연히, 요구하는 인재상도 다릅니다. 회사에 대한 정보를 수집하고 분석하여 알맞게 준비해야 합니다.

3. 자기소개서에는 자기만의 창의성과 독창성을 담는다

    스티브 잡스는 "견본품도 명품으로 만들라"는 말을 했습니다. 자기소개서는 자신의 견본품입니다. 자신만의 경험과 내용으로 자기소개서를 명품으로 만드십시오.

4. 면접에서는 진심어린 '열정'으로 어필할 것

    잭 웰치 회장은 사람을 뽑을 때 열정 있는 사람을 선택한다고 했습니다. 자신의 진정성을 담아 열정적으로 대응하면 면접관의 마음을 열 수 있겠죠.

5. 금융권이 가장 중요하게 생각하는 덕목은 '정직'

금융인은 다른 이의 돈을 보관, 관리, 운용, 융통하는 일을 합니다. 정직하지 않은 사람에게 자신의 돈을 맡길 사람은 없을 것입니다.

6. 잘할 수 있는 분야에 집중하여 노력

자신이 잘하는 분야를 잘 찾아 그것에 집중하여 준비하면 회사는 그를 알아보게 되어 있습니다. 자신감을 가지고 목표를 향해 열심히 노력하시기 바랍니다.

7. 스펙은, 기본 관문을 넘기 위한 도구일 뿐

스펙 쌓기에 시간과 돈을 많이 투자하고 있을 텐데요. 회사가 제시하는 일정 기준만 넘는다면 회사는 그 이상의 스펙을 요구하지는 않습

8. 금융권 업무가 적성에 맞는지 확인

단순히 급여나 복지에 현혹되어 금융권에 지원하게 되면 입사과정도 힘들고, 입사 후에도 적성에 안 맞아 퇴사하는 경우가 많습니다. 취업은 자신과 가정의 미래를 결정하는 중요한 선택이죠. 신중한 접근이 필요합니다.

금융계 인사책임자가
전하는 금융권 취업의
지름길

캠 퍼 스
금 융 토 크
3 6 5

은행 취업하기는
하늘의 별 따기가 아닙니다

이중호
우리은행
인사부장

은행이 원하는 인재는…

금융회사, 특히 은행업은 업무의 특성상 수많은 고객을 상대하고 그 고객들의 자산을 관리하며 파트너 역할을 해야 하기 때문에 지원자의 인성과 품성, 적극성, 친화력 그리고 커뮤니케이션 스킬이 매우 중요합니다. 그렇기 때문에 전형과정 중 심층 인성면접의 비중이 높은 편이며, 집단토론 등 면접시 개별과제에 집중하는 인재보다는 팀원을 돕고 리드하는 화합형·헌신형 인재를 선호합니다.

준비된 은행원은…

금융관련 자격증 취득, 금융회사 인턴십, 사회봉사 경력 등 준비된 은행원으로서의 자세도 중요하다 할 수 있습니다.

평소에 금융권 취업에 관심이 있다고 입사지원서에 기술했음에도 불구하고, 금융과 관련된 자격증, 인턴경력, 학내외 활동이 하나도 없다면 어떤 면접관이 그 사람이 기업에 관심이 있고 준비성이 있다고 생각하겠습니까?

평소 본인의 준비된 모습을 보여줌과 동시에 해당 금융기업에 지원한 확고한 동기와 입사 후 자신의 명확한 목표를 보여주는 것 역시 중요합니다.

우리은행의 인재상은 '품성이 바르고 전문성과 함께 원칙과 상식에 바탕을 둔 최고의 금융전문가' 입니다. 이러한 인재상을 바탕으로 우리은행의 핵심가치(고객행복, 미래도전, 정직신뢰, 인재제일)를 보유하고 최상의 금융서비스로 사회 발전에 공헌하고 고객에게 편리한 은행을 만들 수 있는 꿈과 열정을 가진 인재를 찾고 있습니다.

말씀드린 내용이 다소 추상적일 수 있으나, 이를 구체적으로 여건에 맞게 재해석하여 자신을 우리은행에 매력적이도록 준비하신다면 취업 과정에서 면접관들에게 강하게 어필할 수 있을 것입니다.

자기소개서 작성 TIP

은행업의 특성상 공부를 잘하는 것도 중요하지만 한 사람, 한 사람의 인성이 더 중요하다고 생각하여 자기소개서를 강조합니다. 자기소개서를 통해 지원자의 가치관 및 인생 목표, 우리은행에 대한 관심 및 준비노력을 파악하여 우리은행에 적합한 사람인지를 판단합니다.

자기소개서는 지원자 개인별로 경험과 상황이 다르기 때문에 모범 답안은 없다고 보면 됩니다. 충분한 시간과 여유를 가지고 자기 자신에 대한 철저한 분석을 통해 다른 지원자들과 구별되는 자신만의 장점과 경험을 살려 솔직하게 작성하는 게 좋습니다.

최근 자기소개서들의 특징은 작성항목이 구체적이고 글자 수의 제한을 두고 있습니다. 따라서 첫째, 일단 많이 적은 후 요약하고 둘째, 논리정연하고 읽기 쉽게 셋째, 단순나열보다는 구체적 성과를 제시하고 넷째, 지원동기 및 입사 후 포부에 중점을 두시고 다섯째, 본인의 자신감·열정·입사의지를 표현하시면 취업에 도움 되는 훌륭한 자기소개서가 될 것입니다.

모든 기업이 똑같은 '엘리트'를 원하는 것이 아닙니다. 기업에 맞는, 은행에 맞는 인재가 되어야 합니다. 취업과정은 지원자들이 그 동안 살아온 삶을 통해 이루어진 삶의 성과로서 자신의 가치관과 보유한 능력을 모두 드러내는 시간입니다. 항상 열정과 자신감으로 무장을 하시고 본인만의 차별화를 통해 남들과 다른 인재임을 부각시킨다면 취업이라는 목표를 쉽게 달성할 수 있을 것입니다.

우리은행 채용절차

채용공고 및 지원서접수(인터넷접수) → 서류전형 → 실무진면접(인적성검사) → 임원면접 → 최종합격자 발표

증권회사 채용담당 임원이
생각하는 금융투자인

이성한
삼성증권 상무

대한민국 대표 리딩 증권사 삼성증권에 도전하세요

삼성증권은 1992년 삼성그룹에 편입된 이래 위기와 기회가 교차하며 치열한 경쟁을 하고 있는 한국금융시장에서 차별화된 역량과 인프라를 바탕으로 고객 가치 혁신과 시장 패러다임 선도를 통해 리딩 증권사로 위상을 확고히 해 왔습니다.

업계에서 가장 먼저 2000년대 초반부터 시작한 자산관리 부문에서는 차별적인 상품과 서비스 제공, SNI로 대표되는 고액 자산가 특화 브랜드 출시로 국내의 독보적인 마켓리더로 자리매김을 했습니다. 또한 고객 관점에서 서비스와 상품을 제공하고, 철저한 사후관리에 힘써, 증권업계 최고의 고객만족 기업으로 인정받고 있습니다.

앞으로도 삼성증권은 단순히 매출이나 이익규모의 차원이 아니라 다양한 도전과 과감한 선행투자를 통해, 증권회사의 비즈니스 모델을 새롭게 제시하고, 한국 자본시장을 주도해 나가는 리딩 컴퍼니로서의 역할에 앞장선다는 계획을 가지고 있습니다.

이러한 삼성증권의 미래 계획실현에 가장 근본이 되는 것이 바로 '인재'입니다. 삼성그룹은 '함께 가는 열린채용'을 진행하여 차별 없는 인재를 등용하고자 노력하고 있습니다. 신입사원 채용규모의 5%를 저소득층에 할당하고, 지방대 출신 채용을 35%로 확대하였으며, 채용에 있어 남녀평등을 실현하고 있고, 고졸공채를 도입하여 실력을 중시하는 문화를 만들어 나가고 있습니다.

따라서 숫자와 자격이 아닌 사람의 본 모습을 보게 되며, 학력과 학벌보다는 실력을 중요시하는 능력위주의 채용 문화를 통해 실력을 갖춘 인재가 정당하게 대우 받을 수 있는 기회의 장을 제공하고 있습니다.

최근 기업체들은 다양한 인턴십, 멤버십 프로그램을 통해 준비된 인재를 선발하기 위해 노력을 하고 있습니다. 삼성증권 또한 매년 대학생을 대상으로 인턴십 프로그램 및 Young Creator멤버십 프로그램을 운영하고 있습니다.

특히 Young Creator멤버십 프로그램은 Private Banking에 대한 관심이 높고 끼와 재능을 가진 대학생을 공모전을 통해 발굴하여, 1년간 양성과정을 거쳐 금융 전문가로 성장할 수 있도록 하는 삼성증권만의 독자적인 인재 발굴·양성 프로그램으로서 금융인이 되겠다는 열정을 보유한 대학생이라면 누구나 도전이 가능합니다.

실제 업무경험이 없는 대학생들에게 증권업에 대한 이해도를 높이고, 생생한 실전 경험과 선배 금융인들의 노하우를 전수받을 수 있는 좋은 기회가 될 것이므로 삼성증권과 함께 자본시장의 혁신을 선도하는 데 동참할 분들의 도전을 기대합니다.

이성한 상무가 정하는 금융의 3대 인재상

- 고객에게 올바른 가치를 제공할 수 있는 전문성과 인간미를 겸비한 인재
- 건전한 윤리의식과 변화를 리드하는 창조정신, 최고를 지향하는 프로정신을 가진 인재
- 고객·동료·사회에 대한 세세한 배려로 감동을 전해주는 마음을 갖춘 인재

금융투자회사 취업 성공을 위한 가이드

첫째, 실무형 신입사원이 될 수 있도록 자신을 가꾸라
- 기업은 채용 후 조기에 전력화 될 수 있는 인재를 선호하므로 다양한 경험을 통해 금융업을 이해하고 현장감을 길러야 합니다.
- Tip : 평소 금융과 관련된 인턴, 공모전·멤버십 활동 등에 주력하세요.

둘째, 어떠한 어려움이 있어도 포기하지 않고, 난관을 극복할 수 있는 투지를 보유하고 있다는 것을 보여라
- 신입사원에게 가장 필요한 덕목은 자신감과 어떠한 어려움도 극복할 수 있다는 불굴의 의지입니다.
- Tip : 아르바이트를 포함한 각종 사회활동 경험은 난관을 마주할 수 있는 훌륭한 기회입니다.

셋째, 학벌보다는 능력을 배양하라
- CFA, CFP와 같은 글로벌 전문자격 취득자는 금융업에 대한 높은 관심과 준비된 인재라는 인식을 주고 실제로도 업무에 도움이 됩니다.
- Tip : 금융관련 공모전, 모의투자대회에 적극 참여하세요.

넷째, 대한민국이 아시아를 넘어 Global 금융허브가 되기 위해 외국어 역량을 배양하라
- 말하기 및 작문 능력이 점차 중요해지고 있습니다.
- Tip : 브릭스, 중국 및 동남아 전략 국가 언어 가능자는 유리해요.

마지막으로 Hybrid형 인재가 될 수 있다는 것을 보여라
- 다양한 업무를 다룰 수 있다고 판단되는 잠재력 있는 인재에 가점을 줍니다.
- Tip : 종합자산관리 서비스가 가능한 Private Banker, 리서치에 능통한 Sales Broker, Sales가 가능한 Analyst, 수학적 지식을 활용하여 알고리즘 구현(Quant)과 풍부한 아이디어를 바탕으로 트레이딩(Trader)이 동시에 가능한 자산운용 전문가가 되어 보세요.

알고 준비하는
금융권 취업

김영순
한화생명
인사부장

금융권은 회사별, 업종별로 약간의 차이가 있습니다. 대체적으로 고객을 상대로 무형의 금융상품과 서비스를 제공하는 업종의 특성상 원활한 커뮤니케이션 능력을 바탕으로 인간미와 도덕성을 갖춘 인재, 금융분야의 전문가가 되기 위해 열정과 도전의식을 갖고 끊임없이 자기계발을 하는 인재, 그리고 금융회사가 적극적으로 해외진출을 추진하고 있기 때문에 국제적 감각과 글로벌 역량을 갖춘 인재를 원합니다.

따져보고 준비하자

금융권 취업을 준비하기 전에 먼저 금융권의 업종 특성과 주요 직무에 대한 정보를 충분히 파악한 후, 본인의 장래희망과 적성이 금융권에 적합한지 꼼꼼히 따져 보기를 권하고 싶습니다.

막연히 금융권이 연봉이 높고 업무가 Smart해 보여서 지원할 경우 입사도 힘들 뿐만 아니라 입사 후에도 적응을 잘하지 못하는 경우가 있기 때문입니다.

입사지원시 그 회사에 지원하고자 하는 분명한 동기와 입사 후 이루고자 하는 확고한 목표가 있을 경우 서류전형과 면접에서도 좋은 평가를 받을 수 있습니다.

흔히들 금융권에 입사하기 위해 학점관리, 어학, 금융관련 자격증 등 소위 스펙 준비를 위해 많은 시간과 노력을 기울이고 있는데, 일정 수준 이상의 학점과 어학점수는 필요하지만 스펙이 당락에 결정적인 영향을 미치지는 않습니다. 그렇다고 스펙을 무시하라는 얘기는 아닙니다. 스펙 준비에 너무 매몰되지 말고, 대신에 다양한 경험과 지식을 통한 인성과 역량 함양이 더욱 중요하다는 것입니다. 금융권이 요구하는 인재상에 적합한 자신을 만들기 위한 노력을 하시는 것이 취업준비 요령이라고 할 수 있습니다.

대부분의 금융권이 공모전이나 인턴제도 등을 운영하고 있는데 이를 통해 경험도 쌓고 입사우대 기회를 갖는 것도 좋은 방법이라 생각합니다.

또한 금융권 내에서도 업종별로, 직무별로 특별히 우대하는 역량이나 자격증이 있는지 꼼꼼하게 알아보고 준비하시면 도움이 될 것입니다.

업종별로 약간은 차이가 있지만 금융권의 주요 직무는 대체로 영업·고객관리(법인·개인), 투융자·자산운용, 상품개발·계리, 경영일반·경영지원 등으로 구분할 수 있는데, 각 직무에 따라 필요한 역량이 약간 다를 수 있으니 본인의 희망, 전공과 적성을 고려하여 준비하시기 바랍니다.

막연히 금융권에 취업해야지 생각하고 이것저것 여러 가지 준비하기보다는 특정 직무에 선택과 집중을 하는 것이 좋은 방법이라 생각합니다. 흔히들 금융권의 영업관리 직무를 실적 때문에 스트레스를 받는다며 기피하는 경향이 있는데, 금융권의 영업관리 직무가 블루오션일 수도 있다고 봅니다. 제조업도 마찬가지지만, 회사가 성장하기 위해서는 누군가는 현장에서 매출을 올려야 하고 매출을 올리는 현장이 우대받는 추세는 더욱 가속화되리라 생각합니다.

지방대생은 지역 근무로 뚫자

금융권은 대체로 전국적으로 영업점포를 갖고 있기 때문에 지방대 출신을 나름대로 많이 채용하고 있다고 생각합니다. 특정지역에 근무하는 조건으로 많은 금융회사들이 별도 T/O를 갖고 직원을 채용하고 있습니다.
지방대 다니시는 분들의 경우 무작정 서울과 수도권으로 지원하지 마시고 해당지역에서 근무할 수 있는 회사와 직무를 꼼꼼히 알아보시기 바랍니다.

결국 취업은 한정된 자리를 두고 전국적으로 경쟁하는 구도인데, 모두가 서울이나 본사에 근무하기를 희망하기 때문에 경쟁이 더욱 치열합니다. 같은 회사에서 같은 급여와 복리후생을 받으면서 서울에 근무하는 것보다 지방에 근무하는 것이 삶의 질이 훨씬 높습니다.

한화생명에도 도전해보세요

한화생명은 생명보험업계를 선도하는 초우량 보험회사로서 고객과 함께 성장하는 글로벌 금융회사로 거듭나기 위해 탄탄한 영업조직과 안정적인 자산운용능력을 바탕으로 최근 해외시장 진출을 적극적으로 추진하고 있습니다. 일하기 좋은 직장이라는 측면에서도 안정적이면서 도전적인 사업구조와 직원을 배려하는 기업문화를 갖고 있으며 체계적인 인재육성 프로그램을 운영하고 있습니다.

매년 영업관리, 경영일반, 상품·계리, 자산운용 분야에서 채용 전제형 인턴제도, 공개채용, 해외채용, 수시채용 등을 통해 열정적이고 도전적인 인재를 모집하고 있습니다. 많은 지원과 도전을 당부 드립니다.

한화생명이 요구하는 인재상

- **정직하고 신의를 지키는 사람**
  - 가족, 동료, 회사, 고객, 사회와의 약속을 지킬 수 있는 사람
  - 올바른 마음가짐과 성실함을 바탕으로 남을 배려할 줄 아는 사람
  - 고객, 회사와의 원활한 커뮤니케이션 능력을 갖춘 사람

- **창의와 열정을 갖고 도전하는 사람**
  - 현재에 안주하지 않고 더 높은 목표를 위해 끊임없이 도전하는 사람
  - 열린 사고와 문제의식을 통해 나은 방안을 창출해 내는 창조적인 사람

- **맡은 분야에서 최고의 전문성을 갖춘 사람**

- **국제적 감각과 글로벌 역량을 갖춘 사람**

대학생들이
생각하는
금융토크

캠퍼스 금융토크
그 꿈 같은 이야기

캠 퍼 스
금 융 토 크
3 6 5

중요한 것은 하드웨어가 아니라 소프트웨어다

배현경
부산대학교
금융공학과
한국거래소 입사

캠퍼스 금융토크 부산대학교 편에 참가했던 부산대학교 금융공학과 08학번 배현경입니다. 불과 몇 개월 전만해도 취업설명회를 다니며 간절함, 설렘과 떨림으로 취업준비를 하던 제가 이제 2013년도 한국거래소 신입직원 입사연수를 앞두고 있다는 것이 아직도 꿈만 같습니다.

자기소개서를 제출하며 취업준비가 한창 진행 중이던 때 운 좋게 캠퍼스 금융토크라는 행사에 참가할 기회가 주어졌습니다. 매체를 통해서만 접하던 권혁세 금융감독원장님을 만나 뵙고 함께 이야기 할 수 있다는 생각에 무척 설레었습니다. 또한 금융공학과는 그 특성상 발표수업이 그리 많지 않았기 때문에 많은 학생들과 카메라 앞에서 이야기를 하는 것도 떨렸습니다.

금융토크 행사 전에 원장님 및 다른 패널 분들과 사전에 서로 인사를 하는 시간이 있었습니다. 많이 긴장해 있던 저에게 원장님께서 따뜻한 미소로 긴장을 풀어주셨던 기억이 아직도 생생합니다.

3~400명의 학우들 앞에서 원장님 및 패널 분들과 금융토크를 한 경험은 한국거래소 및 여러 기관과 회사의 면접 과정에서 자신감을 갖고 임하는 데에 도움이 되었습니다.

저희 부산대학교 멘티 학생들은 특별히 '여의도 탐방' 경험도 할 수 있었습니다. 캠퍼스 금융토크 본 행사 이후에 예정되어 있던 원장님과의 만찬 행사가 부득이한 사정으로 이루어지지 못하게 되어 다음에 여의도로 초대해 주시겠다던 약속을 잊지 않으시고 바쁘신 중에도 저희 학생들을 불러주신 것입니다.

1박 2일로 계획된 여의도 탐방 행사를 통해서 외환 딜링센터, 트레이딩 룸, Private Banking센터 등을 둘러보며 담당자로부터 실무에 관한 현실적인 설명을 들을 수 있었습니다. 취업을 앞두고 있는 4학년 학생들뿐만 아니라 금융업에 관심을 가지기 시작하고 금융 산업 여러 분야에 대해 궁금해 하는 2, 3학년 학생들에게 현실적으로 큰 도움이 된 시간이었습니다. 더 많은 학생들이 2, 3학년 때부터 이런 경험을 하고 더 큰 꿈을 준비할 수 있다면 참 좋을 것 같다고 생각했습니다.

특히 1박 2일 여의도 탐방 행사로 원장님을 다시 뵙게 되었을 때, 저희 학생들 하나하나 이름을 불러주시며 악수를 건네시던 원장님의 모습은 정말 감동적이었습니다. 저는 당시 한국거래소 1차 면접을 앞두고 있던 터라 원장님께 면접과 관련한 조언도 들을 수 있었습니다.

중요한 것은 하드웨어가 아니라 소프트웨어다!

가장 기억에 남는 말씀이 "중요한 것은 하드웨어가 아니라 소프트웨어다"라는 것이었습니다. 현재의 금융 감독 체계나 조직과 관련해 여쭙는 과정에서 해주신 말씀인데, 저는 이 말씀을 저의 상황에 적용시켜서 마음에 새겨두었습니다. 면접 과정에서 저보다 훨씬 화려한 경력을 가진 다른 면접자들과 함께 할 때마다 "중요한 것은 하드웨어가 아니라 소프트웨어다"라는 원장님의 말씀을 떠올리며 기죽지 않고 자신감 있는 태도로 임하였습니다.

그렇습니다. 중요한 것은 출신학교나 수상경력, 자격증 등의 스펙보다 그동안 쌓아온 내공과 마음가짐이라고 생각합니다. 취업을 준비하시는 많은 분들도 이 부분을 기억하시고 다른 사람들의 화려한 스펙과 자신의 것을 비교하며 도전하기도 전에 기가 죽는다거나 포기하거나 하는 일이 없기를 바랍니다. 주어진 모든 순간에 '타이틀'을 위해 임하지 말고, 그 순간을 자신의 내면을 살찌울 수 있는 시간으로 만드는 것이 중요한 것 같습니다. 그리고 그런 후에는 대학생활 동안 자신이 기울인 노력과 시간에 자신감을 가지고 시험이든 면접이든 당당하게 임하면 된다고 생각합니다.

따뜻한 감동과 '할 수 있다'는 자신감과 의지를 보여주고 싶다

두 번째로 제가 감동했던 점은 한 번의 만남으로 끝날 수도 있었던 것을 긴 인연으로 기억해주신 원장님의 감사한 마음입니다. 한국거래소 면접을 준비 중이던 저의 얘기를 들으시고는 '부산 특화 금융'과 관련해서 여러 가지 조언을 해 주셨습니다. 그리고 이후에 부산 특화 금융과 관련한 자료를 보내주시겠다고 말씀하셨는데, 정말로 며칠 후에 금융감독원 직원 분께서 그날 제가 궁금해 하였던 부분과 원장님께서 말씀해주셨던 특화 금융 자료를 메일로 보내주셨습니다. 면접에 임하는 저에 대한 응원의 말씀도 덧붙여 주셨습니다.

저도 원장님을 본받아 후배들에게 조언을 해 줄 수 있는 사람이 되어서 많은 학생들, 후배들에게 따뜻한 감동과 '할 수 있다'는 자신감과 의지를 심어줄 수 있는 사람이 되고 싶다는 생각을 하였습니다.

캠퍼스 금융토크 본 행사뿐만 아니라 이후 여의도 탐방 경험까지, 저와 부산대학교 학생들에게는 정말 특별하고 값진 경험이자 자산이 되었습니다. 앞으로도 이런 행사가 꾸준히 이어져서 좀 더 많은 학생들이 원장님 및 금융감독원 직원들과 만나고, 더 큰 꿈을 꾸게 할 수 있는 계기가 되었으면 좋겠습니다.

금융공학을 전공으로 공부하면서 대학교 2학년 때부터 한국거래소 입사를 꿈꿔왔습니다. 확신은 없었지만 간절한 마음으로 준비하였고, 1월 3일부터 2013년도 한국거래소 신입직원 입사연수에 임할 수 있는 자격이 주어졌습니다. 저의 꿈을 응원해주고 조언을 아끼지 않으셨던 권혁세 금융감독원장님 이하 금융감독원 직원 여러분께 감사의 말씀 전하고 싶습니다. 소중한 인연과 값진 경험, 자신감을 심어준 캠퍼스 금융토크, 감사합니다! 사랑합니다!

연애소설 같은 이야기

김지원
충남대학교
경제학과

저는 행복합니다. 제가 꾸고 있는 꿈을 이룬 분들을 만나고, 가치 있는 활동을 하며, 제 꿈에 한 발자국 다가갈 수 있게 되어서 행복합니다. 금융감독원과 함께한 캠퍼스 금융토크, 금융캠프, 금융교육 봉사단을 통해 기억에 남을 대학생활을 할 수 있어 매우 행복합니다.

첫 번째 만남

첫 만남은 항상 두근거리고 설렙니다. 금융감독원의 첫 만남은 지금까지 제 마음을 뛰게 하는 가장 행복한 순간입니다.

금융감독원이 주관하는 캠퍼스 금융토크와 멘토링이 충남대학교에서 진행된다는 소식을 접하고 망설임 없이 금융감독원장님과의 멘토링을 신청했습니다. 금융토크를 참여하기 위해 개인적으로 금융토크주제와 관련된 배경지식과 함께 멘토링 때 질문할 내용을 준비했습니다. 금융토크에서 서민금융에 대한 내용을 중점적으로 다루었고, 부채에 관련된 해결방안과 전문가들의 의견을 들을 수 있었습니다.

금융토크가 끝난 뒤 금융감독원 원장님과 함께 동석 식사를 하면서 멘토링이 진행되었습니다. 금융감독원 원장님께서 대학생이 가져야 할 역량과 활동에 대한 조언을 많이 해주셨습니다.

캠퍼스 금융토크를 통해 경제에 대한 지속적인 관심과 금융의 중요성을 느낄 수 있었을 뿐만 아니라 금융권으로 진로를 선택한 학생들에게 필요한 역량과 경험해야 할 활동을 배울 수 있었습니다.

두 번째 인연

두 번째 만남은 인연이라고 합니다. 금융감독원과 맺은 인연을 통해 다양한 활동을 할 수 있었고, 행복을 느낄 수 있었습니다.

금융감독원이 주관하는 금융캠프에 신청했습니다. 금융캠프를 통해 우리나라의 금융의 현안과 금융 전문가를 만날 수 있는 기회가 주어졌습니다. 금융캠프를 위해 20명의 대학생들과 최선을 다해 프로젝트를 준비했습니다. 그 결과 2등이라는 우수한 성적을 거둘 수 있었습니다.

금융캠프에 참여하여 다른 대학교 학생들을 만날 수 있었고, 다른 학생들의 진로에 관한 이야기와 취업준비 이야기를 들으면서 다양한 정보를 공유할 수 있었습니다.

또한 멘토링을 통해 제가 원하는 분야의 전문가를 직접 만나 준비과정을 비롯한 모든 조언을 들을 수 있었습니다.

금융캠프를 통해 진로와 관련된 전문가들을 만날 수 있었습니다. 진로에 대한 전문가 여러분의 조언을 통해 진로에 대한 불안감을 떨쳐낼 수 있었고 확신을 가질 수 있었습니다.

세 번째 사랑

대학생이 가장 가치 있게 사회에 기여할 수 있는 활동은 교육봉사라고 생각합니다. 하지만, 제 전공을 기반으로 할 수 있는 교육봉사는 찾기 힘들었습니다. 하지만, 금융감독원에서 건전한 금융 소비를 장려하기 위해 대학생 금융교육 봉사단을 모집한다는 소식을 듣게 되었고, 바로 지원했습니다.

합격 통보를 받았고, 1박 2일 동안 금융감독원의 교육을 받았습니다. 교육을 통해 효과적인 강의법을 배울 수 있었을 뿐만 아니라, 금융교육의 중요성과 목적을 알 수 있었습니다. 합리적인 금융소비를 위한 금융교육을 성실하게 수행할 것을 다짐하고 교육 준비를 했습니다. 두번의 서대전 여자고등학교 금융교육과 한번의 대성고등학교, 총 세 번의 금융교육을 했습니다. 금융교육을 실시하는 동안 학생들의 몰입으로 분위기가 매우 좋았습니다.

세번의 금융교육 중 가장 기억에 남는 교육봉사는 350명의 고등학생들 앞에서의 교육이었습니다. 많은 학생들 앞에서 실수하지 않기 위해 많은 연습과 자료 수집을 철저하게 했습니다. 금융 교육을 마친 뒤 귀가하는 도중 한 학생과 선생님께 감사하다는 문자를 받았습니다. 어떠한 보상보다 값지고, 마음이 뜨거워지는 것을 느낄 수 있었습니다.

교육봉사를 통해 발표 능력향상과 금융관련 지식을 습득함으로써 제 자신이 성장하는 것을 알 수 있었습니다. 또한 금융교육 봉사활동을 통해 금융교육의 중요성을 인식하게 되었고, 더 많은 금융 소비자들의 합리적인 금융 소비를 위해서 금융 교육이 확대되어야 한다고 느꼈습니다.

저는 한국경제의 투명성과 건전성을 도모하여 발전할 수 있도록 사회적 기여를 꿈꾸고 있는 대한민국 청년입니다. 금융감독원과의 활동을 통해 제 꿈에 대한 확신과 함께 가능성을 확인할 수 있었던 좋은 기회였습니다. 이 모든 것을 느끼게 해 준 권혁세 금융감독원장님과 금융감독원 직원들께 감사드립니다.

돈으로는 살 수 없는
많은 것들

원준희
강원대학교
국제무역학과

'금융인과 함께하는 캠퍼스 금융토크'를 학교에서 개최한다는 소식을 접하자마자 흥분을 가라앉힐 수가 없었습니다. 평소에 금융권 취업에 관심이 많았던 저였기에 생각할 겨를도 없이 '운명적 본능'에 이끌려 바로 신청을 하였습니다. 대학생의 특권을 제대로 누릴 수 있는 유익한 프로그램에 참가할 수 있게 되어 기뻤습니다.

제가 희망하는 멘토는 권혁세 금융감독원장님이었는데, 다행히도 원하던 대로 되었습니다. 아침부터 교내의 영상바이오관으로 부랴부랴 달려갔습니다. 모교를 졸업하시고 현직에서 이끌고 계신 대한민국의 금융인들과 금융감독원장님이 학우들과 함께 각종 금융현안과 금융생활, 금융권 취업 등 평소 알고 싶어 하는 관심사항에 대해 허심탄회하게 순도 100%의 솔직한 토론을 하였습니다.

모교 출신의 선배님들은 그 누구보다도 마음에 와 닿는 조언과 격려를 아낌없이 쏟아내셨습니다. 어린 후배들을 생각하는 각별한 마음과 그 진정성은 제 깊은 가슴속의 열정을 움직이게 하였습니다. 권위적인, 어려운 모습이 아닌 수평적인, 이웃집 아저씨 같은 친근함으로 다가와 학생들의 궁금한 점들을 하나하나 자세하게 가르쳐주셨습니다.

역시나 취업에 관련되어 있는 질문들이 압도적으로 많았습니다. 모교 출신 선배님인 최영수 신한은행 부행장님과 나병윤 미래에셋증권 전무님, 그리고 춘천 출신의 임희재 삼성생명 인사과장님의 조언들은 어느 것 하나 버릴 것이 없었습니다.

캠퍼스 금융토크가 끝나자마자 학교 버스를 타고 춘천의 한 식당으로 향했습니다. 곧이어 권혁세 금융감독원장님이 들어오셨습니다. 저는 바로 맞은편에 앉았습니다. 각자 자기소개를 하면서 식사를 진행하였습니다. "저의 목표는 금융감독원에 입사하는 것입니다." 저는 솔직하게 말했습니다. 맛있는 중화요리와 권혁세 금융감독원장님의 다채로운 이야기꽃이 조화를 이루며 화기애애한 분위기로 즐거운 대화의 장을 펼쳐나갔습니다.

나무보다는 숲을 보는 시야의 전환, 넓고 크게 보는 능력 배양

원장님의 한마디 한마디는 진정 피가 되고 살이 되었습니다. 일반적으로 흔히 생각하는, 모두가 알고 있는 그런 '스펙'보다 더 중요한 무심코 지나치게 될 수밖에 없는 인생의 교훈들을 많이 얻어갔습니다. 다양한 경험과 즐길 수 있는 열정이 중요합니다. 자신만을 위한 삶이 아닌 더불어 사는, 함께 가꾸어 나가는 삶이 참 중요하다는 생각이 들었습니다.

나무보다는 숲을 보는 시야의 전환, 넓고 크게 보는 능력을 배양해야겠다는 다짐을 다시 상기하며 경청했습니다.

'금융인과 함께하는 캠퍼스 금융토크'는 단지 취업에 관련된 내용뿐만 아니라 금융지식, 금융상식, 예를 들자면 불법 사금융으로 인한 고금리 대출의 피해, 보험 소비자의 권익 보호, 금융권의 사회적 책임, 양극화 해소, 일자리 창출, 사회진출을 앞둔 대학생이 갖추어야 할 건전한 금융 생활 자세 등 다양한 내용들로 대학생들의 금융생활의 질을 한층 높여주는 계기가 되었습니다.

해낼 수 있다는 자신감과 열정, 긍정적인 마인드, 내실을 기할 수 있는 다양한 독서와 꾸준한 경제신문 읽기로 꿈을 크게 품고, 자신만의 매력적인 향기로 앞을 향해 나아가야겠다는 생각이 들었습니다. 프로그램 종료 후에 '돈으로는 살 수 없는 많은 것들'을 가지고 집으로 향하는 저의 발걸음은 내내 가벼웠습니다.

금융에 대한 열정을
키울 수 있었던 계기

전인혜
한양대학교
경제금융학부
한국증권금융
입사

최근 경기 불황 여파로 인해 취업시장이 갈수록 악화되고 있다는 소식이 들려오고 있습니다. 소위 '스펙'이 뛰어난 취업준비생에게도 지금과 같은 상황이 두려운 것은 마찬가지일 것입니다. 하지만, 이럴 때일수록 자신이 추구하고자 하는 가치와 그에 대한 뚜렷한 자기주관을 갖는 것이 취업을 위한 제1원칙이라고 생각합니다.

올해 캠퍼스 금융토크에 참여하고, 원장님의 멘티가 되어 활동하면서, 그 어떤 시기보다도 금융업에 대한 저의 열정을 키울 수 있었습니다. 금융감독원의 수장이신 원장님의 멘티가 될 수 있었던 것은 저에게 큰 행운이었다고 생각합니다. 단 한 번의 만남이었지만, 인생 선배로부터 조언을 듣는 것처럼 원장님께서는 자신만의 이야기를 소탈하게 전해주셨습니다.

원장님의 대학시절, 그리고 재경부 시절 독창적인 아이디어로 인정을 받았던 에피소드를 전해 들으면서 진정한 금융전문가로 거듭나기 위해서는 자신만의 'Insight'를 받을 수 있어야 함을 느꼈습니다.

짧지만 강렬했던 만남 이후로, 저 스스로 취업에 함몰되지 않고 늘 자신의 분야를 깊고 넓게 바라볼 수 있는 금융인으로 성장하기 위해 노력했습니다.

금융에 대한 'Insight'는 전문가로서의 경지에 올랐을 때 생기는 것이므로 평소 꾸준한 자기훈련을 실천해야만 한다고 생각합니다. 올 한 해 동안 제가 가장 중시했던 부분은, 경제와 금융 동향에 대한 견해를 뚜렷하게 제시할 수 있는 수준에 도달하는 것이었습니다.

매주 KIF, KCMI 등 연구기관의 보고서를 정독하면서 경제의 흐름과 금융 패러다임의 변화에 적응하는 금융인이 되기 위해 차분히 준비했고, 리스크관리에 특화된 커리어를 쌓기 위해 국제 FRM 2차 시험을 준비하면서 제가 꿈꾸는 분야에 진출하기 위해 집중해왔습니다.

**뛰어난 '스펙'을 가진 지원자들과는
차별화된 자신만의 내공이 필요**

먼저 취업한 선배로서, 취업준비생 여러분께 '스펙'을 넘어서 '실력'을 키우시길 당부드립니다. 지금 여러분이 하시는 다양한 활동이 단지 취업의 관문을 넘기 위한 것이라면, 결정적인 순간을 맞았을 때 준비한 것들을 토해내기엔 역부족일거라 생각합니다.

진심으로 금융권 입사를 원하신다면, 뛰어난 '스펙'을 가진 지원자들과는 차별화된 자신만의 내공이 필요합니다.

실제로 저의 경험을 비추어보면, 한국증권금융 임원면접 때 사장님, 이사님 등 여섯 명의 임원분들 앞에서 단 5분 동안 저를 각인시킬 수 있었던 힘은 그동안 쌓은 '내공' 덕분인 것 같습니다.

금융전문가로 이루고픈 최종목표, 경제 발전을 위한 금융권의 과제와 같은 가치관을 묻는 질문에 대해 소신 있는 답변을 제시할 수 있을 정도로 본인의 실력을 키우시는 것이 원하는 곳에서 성장할 수 있는 경쟁력이라고 생각합니다.

마지막으로, 항상 긍정적이고 여유 있는 마음가짐을 가지셨으면 합니다. 구직활동을 하면서 생각보다 취업이 녹록치 않음을 느끼실 것입니다. 생각지 못한 서류탈락, 최종 불합격 등으로 취업을 시작했을 때의 초심이 흔들리는 고비가 찾아올 수 있습니다. 하지만 스스로를 신뢰하고 자신이 꿈꾸는 일에 대한 확신이 바로 선다면 실패를 딛고 더 크게 비상하리라 믿습니다. 주변의 어려운 상황에도 흔들림 없이 여러분만의 꿈을 위해 늘 정진하시길 바랍니다.

뜨거운 열정과 도전의 장,
금감원 대학생 금융캠프

이경원
고려대학교
경영학과

지난 2012년 8월 금융지식을 전달하고 금융의 중요성을 알리기 위해 FSS DREAM 대학생 금융교육 봉사단의 단원이 되었습니다. 그리고 여러 초·중·고 학교를 방문하여 꾸준히 경제교육을 실행하였습니다. 그러던 중 금감원에서 금융캠프를 실시한다는 말을 전해들었고, 봉사단의 자격으로 참가할 수 있는 기회를 얻게 되었습니다.

처음 금융캠프라는 말을 듣고 여타 캠프와 같이 '일상적인 강의방식의 교육 그리고 사은품 하나쯤 받고 오겠지'라는 생각을 하였습니다. 하지만 공지된 금융캠프는 참가자들의 의견을 최대한 수렴하여 그 내용을 반영하는 참여형 캠프였습니다.

그리고 가장 대표적인 참여 활동이 바로 '금융 산업 발전을 위한 UCC'제작이었습니다. UCC제작은 팀별과제로써 금융을 주제로 발표할 영상을 만드는 금융캠프의 가장 큰 미션이었습니다.

저는 봉사단의 팀장을 맡아 총 12명의 팀원들과 한 팀이 되었습니다. 하지만 전국 각지의 대학생들로 구성된 봉사단의 특성상 UCC제작을 위한 모임과 제작을 하기가 쉽지 않았습니다.

그래서 각 지역 내 학교별로 모여서 회의를 하고, 인터넷 커뮤니티 카페를 통해 의견을 주고받으면서 수많은 미팅을 이어갔습니다. 이러한 마라톤 회의를 거친 후 우리 팀은 봉사단의 특성을 살릴 수 있는 '금융교육의 중요성'에 대한 영상을 만들기로 결정하였습니다. 그리고 이에 따라 시나리오와 대본을 만들고 각자의 역할과 촬영분량을 지역별로 배분하여 촬영에 돌입하였습니다.

편집을 맡은 저는 각 지역에서 하나, 둘씩 완성되어 올라오는 영상을 보며 팀원들의 노력과 열정을 느낄 수 있었으며, 하나로 편집하여 자연스러운 스토리가 되도록 만든다는 것에서 작은 힘이 모여 큰 힘을 이룰 수 있다는 뿌듯함을 느낄 수 있었습니다.

이러한 팀원들의 수고와 노력으로 금융교육을 받은 학생과 못 받은 학생의 미래를 비교해 금융교육의 중요성을 전달하는 동영상과, 금융교육 봉사활동을 하면서 겪었던 고충을 개그 프로그램 '용감한 녀석들'을 패러디한 클레이메이션으로 구성한 UCC작품을 만들 수 있었습니다.

특히 클레이메이션은 찰흙으로 인형과 무대를 만들고 그 인형을 한 동작 한 동작 움직여가며 한 장면씩 사진을 찍은 후 사진을 빠르게 돌려서 제작하는 방식이었기에 며칠 밤을 지새워가며 사진을 4,000장 이상 찍어야 했습니다. 하지만 많이 힘들거나 지치지 않을 수 있었던 것은 바로 관객들의 반응과 뿌듯함을 느낄 우리 팀원들의 모습이 떠올랐기 때문이었습니다.

많은 준비와 기대 속에 드디어 밝아온 금융캠프 당일, 점심때가 거의 다되어 도착한 연수원에서 그간 UCC제작을 위해 멀리에서 협력하고 소통하며 같이 고생해왔던 팀원들을 만날 수 있었고 그때서야 얼굴을 보며 반가운 인사를 할 수 있었습니다.

금융 CEO들의 이야기는 시야를 넓히고 금융권 취업에 대한 도전의식을 고취

금융캠프의 첫 순서는 '금융CEO와 함께하는 금융토크'였습니다. 전부터 금융 산업에 큰 관심을 가져온 저에게 금융을 대표하는 증권, 보험, 은행, 금융감독원 대표님들과의 시간이 정말 기다려졌습니다. 그리고 토크가 진행되는 동안 금융계의 각 대표님들의 직접적이고 현실적인 이야기들은 금융의 작은 부분만을 생각해 온 제 자신을 돌아보고 시야를 넓힐 수 있는 계기가 되었습니다.
또한 금융업에서 꼭 일해보고 싶고, 새로운 변화와 도전을 일으켜보고 싶다는 열정과 마인드를 확신시켜주었습니다.

어느새 금융토크 시간은 지나가고 드디어 UCC발표의 시간이 되었습니다. 예선을 거쳐 본선에 오른 6개의 팀이 작품을 발표했습니다. 각 팀에서 준비해 온 영상과 퍼포먼스를 보면서 "참 신선하고 다양한 아이디어를 냈구나" 하는 생각이 들었습니다.

우수한 작품들과의 경쟁 속에서 저희 봉사단도 입상을 하게 되어 무척 기쁘고 뿌듯했습니다. 하지만 승리했다는 성취감보다는 모두가 함께 노력하고 즐겼다는 기분이 더 크게 느껴졌습니다.

이후 이어졌던 체험형 금융교육은 참신하고도 학습적이며 즐거움까지 선사했던 의미 있는 시간이었습니다. 모의투자대회를 통해 체험형 교육이 진행된다는 말을 들었을 때는 "어떻게 모의투자를 진행하지?" 하는 막연한 생각만이 머릿속을 맴돌았습니다. 하지만 게임방식에 대한 설명을 듣고 모두가 투자담당자가 되어 게임에 빠져들었고, 끝난 후 "이 딱딱하고도 어려운 주제를 가지고도 체계적이고 유연하게 투자의 원리와 주식시장의 기본 룰을 게임을 통해 풀어낼 수 있구나" 하는 생각을 했습니다. 또한 기업의 투자와 맞물려 사회공헌, 기업 간 협력의 중요성까지도 생각하게 만든 이 게임은 완벽한 체험형 금융교육이었습니다.

마지막 일정인 금융전문가와의 심화멘토링은 취업을 준비하는 저에게 큰 관심이자 수확의 시간이었습니다. 제가 목표해온 분야의 전문가가 오셔서 현장의 이야기와 업무, 그리고 준비할 것들을 직접 말씀해주시고 질문할 수 있도록 배려해주신 유용한 시간이었습니다. 또한 멘토께서 형식적인 내용보단 현실을 직시할 수 있는 마인드와 준비해야 할 부분을 확실히 알려주신 점은 취업정보에 목말라 있던 저의 갈증을 시원하게 해소해주었습니다.

금융캠프가 기억에 남는 이유는 참여와 소통에 있다

1박 2일의 금융캠프는 짧았지만 강렬함과 참신함을 제 머리와 가슴속에 새기고 막을 내렸습니다. 그리고 이 후기를 쓰는 지금, 많은 시간이 지났지만 아직도 금융캠프에서 얻은 경험과 지식은 어떠한 이론서나 강의보다도 더 크게 제 기억 속에 남아 있습니다.

그 이유는 바로 참여와 소통에 있다고 생각합니다. 몸과 마음으로 느끼고 소통하며 배운 지식이었기에 몸과 마음 속에 남아있게 되었으며 이렇게 기른 힘은 금융 산업에서 일하며 꿈을 펼쳐가고자 하는 과정의 원동력이 될 것이라고 생각합니다.

훗날 제 자신이 금융전문가가 된다면 후배들을 위해 금융캠프에 참여해 경험과 방향성을 전달하는 멘토가 되는 것을 마다하지 않을 것입니다. 왜냐하면 제가 느끼고 받았던 것을 그대로 전달받고 싶어 할 누군가가 분명히 있을 것이기 때문입니다. 그리고 그날을 기약하며 오늘도 진정한 금융인이 되기 위해 갈 길을 재촉할 것입니다. 뜻 깊은 자리를 마련해 주신 관계자분들에게 진심으로 감사의 인사를 전하고 싶습니다.

한 걸음 더 다가가다

신장길
숭실대학교
경영학부

신문에서 많이 보던 딱딱한 기관으로 생각되던 금융감독원을 학교 공지사항 게시판에서 봤어요. '금융감독원 캠퍼스 금융토크'는 금융동아리 활동하면서 주식시장을 접하고 관련 전공수업, 대외활동을 하면서 금융권의 꿈을 키워오던 제게 흥미로운 이벤트였죠. 지인들과 신청해서 당일에 참석을 했어요.

한 마디로 소름 돋았다고 할까요? 뭔가 제가 무지하다는 것을 느꼈어요. 어쩜 저렇게 말을 또렷하게 전달할 수 있을까? 얼마나 깊은 혜안을 갖고 있으면 가능할까? 가계부채 문제, 금융소비자 보호 강화, 청년 일자리 창출에 대해서 많은 얘기를 나누었죠. 가계부채는 어떤 문제들과 관련이 있고 지금 어느 정도의 규모이며 감독원을 비롯하여 금융회사들이 어떻게 대응하고 있는가 하는 이야기였어요.

그러면서 저 또한 계속 생각을 하게 되더라고요. 어떻게 이를 해결할 수 있을까? 관련 기사도 꼼꼼히 찾아보게 되고, 가계부채 문제가 보다 피부에 가까이 와 닿았어요. 청년 일자리 문제는 참으로 많이 공감을 했죠.

캠퍼스 금융토크는 단 2시간 동안 진행이 되었지만 경제신문을 보면서 가장 주요한 문제점들이 무엇이며 이 문제점들은 어떻게 진행이 되었고 지금 당국에서는 어떤 해결책을 생각하고 있는지 알 수 있는 시간이었어요.

기회는 누구에게나 오지만, 언제 올지 모르므로 항상 준비돼 있어야 한다

캠퍼스 금융토크가 끝나고 바로 권혁세 금융감독원장님과 학생 15명이 함께 점심을 했습니다. 원장님 학창시절 얘기도 해주시고 금감원장이라는 자리까지 어떻게 올라갔는지 아들·딸뻘인 저희들에게 다양한 조언을 해주셨어요. 그 중 "누구든지 기회는 오게 마련이다. 그러나 그 기회는 언제 올지 아무도 모른다. 그렇기에 항상 준비가 돼 있어야 한다"는 말씀이 참으로 와 닿았어요. 그 말씀을 듣고 나서 다이어리 맨 앞에 말씀을 적어놓고 수시로 들여다보며 항상 준비된 사람이 되기 위해 노력하고 있지요.

이렇게 금융감독원과 저의 첫 접점이 생겼고, 이는 또 다른 이벤트로 인해 더 깊어졌어요. 바로 '대학생 금융캠프'였죠. 아주 뜻깊은 시간이었어요. 저희는 충주호 옆에 있는 기업은행 연수원으로 갔습니다. 좋은 경치, 맑은 공기와 함께 최신식 시설의 기업은행 연수원은 저희를 압도하였죠.

각자 짐을 풀고 캠퍼스 금융토크에 참가했어요. 금감원장님, 기업은행장님, 삼성생명 부회장님, 한국투자증권 사장님까지 오셔서 좋은 말씀을 해주셨습니다. 다음으로 5~6개의 팀들이 주제에 맞추어 준비한 것들을 보여주는 자리를 가졌어요. 이 시간이 참으로 좋았답니다. 비록 저희 팀은 수상받지 못했지만 다른 학교 친구들이 준비한 다양한 콘텐츠들을 접하면서 신선함을 느낄 수 있어서 좋았어요.

저희 학교도 이것을 3주 동안 준비하면서 관심 분야를 공유하고 있는 친구들을 알게 되었고 많이 친해졌죠. 각 학교가 준비한 것들이 끝나고 저녁 만찬 자리에서 다른 학교 친구들과 친해질 수 있는 기회를 가졌어요. 숭실대라는 좁은 곳에서만 있다가 전국 곳곳에 있는 친구들을 만날 수 있어 좋았어요. 정말 치열하게 준비하는 친구들이 많다는 것을 보면서 또 한 번 자극을 받았죠. 다 같이 진솔하고 재미있는 이야기를 하면서 참 즐거웠습니다.

내가 할 수 있는 일을 하기 위해서 무엇을 준비해야 하는가

다음날 진행된 '스페셜리스트 멘토링'이라는 프로그램이 가장 기억에 남아요. 금융권에 관심이 깊어지면서 과연 내가 무엇을 할 수 있을지, 무엇을 잘할 수 있을지 고민이 많은 시기였어요. 저는 은행PB를 선택했어요.

최고의 재무설계사를 꿈꾸는 저는 은행PB와 증권PB의 차이점도 궁금했고 직무에 필요한 소양 등 궁금한 것들이 너무 많았기에 계속 질문을 퍼부었죠. 이때 꿈이 더욱 명확해졌다고 할까요. 꿈을 이루고 싶다는 생각이 강해졌어요.

지금 내가 관심 있어 하는 분야인 금융권에서, 세부적으로는 증권사에 가고 싶고 그 증권사 중에서도 현실적으로 내가 잘할 수 있는 영업을 하기 위해서 구체적으로 무엇을 준비해야하고 어떤 마인드를 갖고 있어야하며 최종적으로 어느 위치에 가고 싶은지 명확히 할 수 있는 시간이었어요.

본인의 진로를 금융권이라는, 큰 '방향'은 정했지만 아직 세부적인 분야를 정하지 못한 친구들에게 금융캠프와 금융토크를 추천하고 싶어요. 금융토크는 최근 현안에 있어 다양함을 느끼고 나눠보면서 사고하게 만들어주고, 금융캠프는 다양한 친구들도 만날 수 있어요. 전문가와의 만남을 통해 진짜로 궁금한 것들을 많이 물어보면서 분야가 자신과 맞는지를 판단할 수 있는 기회를 얻을 수 있어요. 꼭! 금융감독원에서 열리는 다양한 프로그램들을 접해보세요. 후회 없으실 거예요.

캠퍼스 금융토크라는
내 인생의 봄바람

이제희
부산대학교
금융공학과

부산에는 나무에 묻은 겨울을 녹이는 봄이 왔습니다. 얼어 있던 나무들은 언제 그랬냐는 듯 겨울을 툴툴 털어내고 하얀 벚꽃들을 피워내고 있습니다. 살살 불어오는 봄바람을 맞으며 작년 금융캠프에서 있었던 일들을 생각해 보았습니다.

전역 후 저는 아무것도 모르는 겨울 나무였습니다. 군대에서의 시간은 많은 것을 메마르게 하는 모래바람이었습니다. 금융공학과라고는 하지만 금융에 대한 지식도 없고, 낯설어진 캠퍼스에 말라비틀어진 고목처럼 저 혼자였습니다. 오직 무엇인가 해야 한다는 초조함뿐이었습니다. 그러던 와중에 캠퍼스 금융토크라는 기회를 만났습니다. 수업이 있었지만 교수님께 양해를 구하고 참석하였습니다. 그리고 용기를 내어 멘토링도 신청하였습니다.

처음에는 단순한 호기심과 초조함으로 지원하였으나 금융토크는 제가 생각하는 것 이상으로 금융에 대한 모습을 보여주었고, 이어진 금융 멘토링은 제 삶의 새로운 이정표가 되었습니다. 또한 서울까지 올라가 금융감독원과 여러 회사들을 견학한 일들은 제 인생의 분명 손꼽는 행운이며, 봄바람이었습니다.

그러나 봄바람은 거기서 끝나지 않았습니다. 금융캠프 참가 지원서가 메일로 도착했고, 저는 주저 없이 신청하였습니다. 멘토링과 견학 이후에 생긴 기대감과 자신감을 가지고 캠프 참가자들을 처음 만났는데, 이전에 멘토링을 같이 했던 사람들은 거의 없고 대부분 처음 보는 사람들이었습니다. 자기소개를 하고 대화를 나누어보니, 예상 외로 다양한 학과에서 캠프 참여를 위해 모였습니다. 경영학과, 금융공학과, 경제학과, 통계학과와 토목공학과에서도 참여하였습니다. 하지만 이들의 공통점은 금융과 금융캠프에 대한 열정을 가지고 지원했다는 것이었습니다.

**팀원들의 적극적인 모습에 저의 소극적인
생각이 사라졌습니다**

첫 만남에서 금융 캠프의 전반적인 설명을 듣고 난 후, 콘테스트 주제를 정하기 위해 장시간 회의를 했습니다. 약 4시간의 긴 토론이 끝나고, 금융 캠프 주제인 따뜻한 금융에 맞게, 앞에서는 친근하지만 돌아서면 비정한 금융회사의 모습을 폭로하기로 하였습니다. 또한 이러한 주제를 '슈퍼스타F' 연극을 통해 보여주기로 결정했으며, 이에 맞추어 UCC팀, 연극팀, 대본팀, 가사개사팀으로 나누어 역할을 배분했습니다. 이때까지만 해도 저는 과연 콘테스트에서 좋은 결과를 낼 수 있을까 걱정하였습니다.

"다양한 학과와 사람들이 모였는데 협동이 잘 될까?", "이 주제가 금융 관계자분들 앞에서 너무 자극적인 소재가 아닐까?" 많은 의문이 들었습니다. 하지만 팀원들의 적극적인 모습과 의견에, 저의 부끄럽고도 소극적인 생각은 마음속에서 이내 씻은 듯이 사라지게 되었습니다.

첫 회의에서 정해졌던 것들과 다르게 많은 변동이 있었습니다. 선정 곡도 알기 쉬운 '숫자송'에서 관객의 재미를 위한 '짜라빠빠'로 변경했고, 배역의 형평성을 위해 연극과 UCC 연기는 누구나 빠짐없이 모두 한 역할씩 맡기로 하였습니다. 대본 또한 너무 길어서 중간 중간 재미있는 유머 요소도 많이 삭제하였는데, 이 부분을 보여드리지 못한 점에서 아쉬움이 매우 큽니다.

저는 카메라로 동영상을 촬영한 후 컴퓨터로 편집하는 UCC팀에 소속되었고, 배역은 금융 피해를 입은 소비자 역을 맡았습니다. UCC는 저에게 첫 도전이었습니다. 틈틈이 UCC 편집 프로그램을 사용해보고, 카메라로 마을 주변을 찍어 연습도 해보았습니다. 다른 팀원들도 마찬가지로 모여서 대본을 짜고, 연극을 준비하며, 노래 가사를 준비하였습니다.

부산대에 모여 계속 연습을 하였습니다. 연극과 '짜라빠빠' 안무를 집중적으로 연습하고 준비하여 서로 맞춰보기도 하였고, UCC 동영상에 들어갈 연기도 준비하였습니다.

부산대 내 농협 직원 분들이 흔쾌히 도와주어 농협 팀장님 자리에서 금융 피해 소비자 영상을 촬영하기도 하였습니다. 채권 조정단 동영상은 학교 근처 회의 룸에서 찍었는데, 많은 NG가 났고 그 NG 때문에 많이 웃게 되어 팀원끼리 더욱 친해지는 계기가 되었습니다.

UCC 이후에는 반복적으로 연극과 안무연습을 했습니다. 한 번 모일 때마다 4시간이 넘는 강행군을 하였지만, 다들 즐겁게 그리고 적극적으로 누구나 빠짐없이 참여하였습니다. 그리고 그렇게 준비하는 도중에 본선에 올라갔다는 사실을 듣고는 다들 얼마나 기뻐했는지! 지금에서야 말하지만, 그때 당시 저희의 목표는 1등이 아니라 본선진출이었기 때문에 다들 기뻐할 수밖에 없었습니다.

**금융콘테스트 1등을 할 때의 그 감동은
아직도 잊을 수 없습니다**

금융캠프 당일, 거리가 먼 부산이기에 새벽에 출발하였습니다. 잠깐의 연극 준비와 금융 관계자분들의 유익한 토크를 듣고 난 이후, 긴장 속에서 금융 콘테스트가 시작되었습니다.

발표순서가 변경되어 저희는 일순간 당황하였습니다. 그리고 연극이 시작된 후에도 소품 스티커가 떨어지거나, 갑자기 동영상 파일이 끊기는 등 몰입도를 떨어뜨리는 실수와 악재가 중간중간 발생했습니다.

하지만 각자 최선을 다하여 연기하며 준비한 것을 무대 위에서 모두 보여주었습니다. 콘테스트가 끝난 후 수상자 발표 때 떨린 감정이 아직도 생각납니다. 그리고 마지막으로, 콘테스트 1등을 할 때의 그 감동은 아직도 잊을 수 없습니다. 그동안의 고민들과 힘들게 노력했던 기억들이 씻겨나가고 따뜻한 기쁨만이 가슴 가득히 메워지는 기분이었습니다.

금융캠프가 끝난 후에도 콘테스트를 준비하던 팀원들끼리 간간히 모이거나 연락을 하면서 지내고 있습니다. 그동안 믿고 열심히 했기에, 긴장되는 순간과 즐거운 순간을 함께했기에 서로에게 많이 정이 들어서인 듯합니다.

부산은 조금 있으면 봄바람이 다 지나고, 벚꽃이 떨어진 뒤 나무 잎사귀가 풍성해질 겁니다. 무성한 녹림에서 시원한 여름 바람이 불겠지요. 하지만 작년의 그 따뜻한 기억이 불어주는 봄바람은 그때도 여름바람 대신에 제 곁을 맴돌고 있을 겁니다.

금융인재가 되기 위한
첫 번째 발걸음

이선경
이화여자대학교
문헌정보학과

1월의 어느 날, 친구가 함께 참가하자며 '꿈을 나누는 대학생 금융캠프' 지원서를 보내주었다. 나는 흔쾌히 동의를 하였고, 다행히 서류심사를 통과해 캠프에 참가할 수 있었다. 캠프는 대학생의 눈높이에 맞춰 진행되었기에, 프로그램을 쉽게 이해하고 따라갈 수 있었다. 이틀의 짧은 기간 동안 진행된 캠프에서 많은 것을 배울 수 있었다. 그 중 나에게 큰 의미로 다가온 4개의 프로그램에 대해 말하고 싶다.

금융콘테스트

학생들은 주어진 여러 주제들 중 하나를 정해 UCC, 콩트 등의 방식으로 금융콘테스트에 참가하였다. 이 중 5팀이 결선에 진출하고, 마지막 3팀만이 수상의 영광을 안는다. 상을 받고자 하는 열망으로 가득 찬 우리들은 1등을 다짐하며 콘테스트를 준비하였다.

우리 팀은 '고객은 돈벌이의 수단이 아닌 상생해야 할 동반자'라는 메시지를 담은 UCC을 제작하기로 의견을 모았고, 이 딱딱한 주제를 재미있게 풀어나갈 수 있는 방법을 생각해보았다.

우리는 예능 프로그램 '짝'의 진행방식을 빌려 금융3사를 남자 1, 2, 3호로, 고객을 여자 2, 3호로, 그리고 금융감독원을 여자 1호로 정하였다.

남자 1호, 2호, 3호는 각각 보험사, 증권사, 은행을 대표하는 인물들이다. 1호 보험남은 보험 상품을 판매할 때는 모든 상황에 적용이 되는 것처럼 얘기하지만, 막상 보험금을 지급해야 하는 상황이 닥치면 약관을 이유로 들어가며 지급을 거절한다. 2호 증권남은 주식매매 회전율을 높여 고객으로부터 많은 수수료를 가져간다. 3호 은행남은 대출 만기를 조작하고, 무자격자에게 신용카드 발급 남용을 일삼는 만행을 보여준다.

여자 1호 금감원녀는 이러한 남자 1호, 2호, 3호의 잘못을 꼬집고, 금융에 대한 이해가 부족한 여자 2호, 3호를 일깨워주는 금융감독원의 역할을 한다.

등장인물의 특징을 하나하나 정한 후, 우리는 역할을 분담하여 대본을 만들고, 촬영을 했다. 팀원들의 열띤 노력에도 불구하고, 결국 우리는 예선에서 탈락하였다. 하지만 추운 겨울, 외투를 걸치지도 않고 촬영을 거듭했던 우리의 열정은 우승보다도 값졌다.

금융 CEO와 함께 하는 금융토크

권혁세 금융감독원장님, IBK 기업은행 조준희 행장님, 삼성생명 박근희 부회장님, 그리고 한국투자증권 유상호 사장님께서 현재 대한민국의 경제상황에 대해 간략하게 말씀하신 뒤, 금융토크의 본론인 '따뜻한 금융을 위한 방안 모색'에 대해 진지한 대화를 하셨다.

경제에 대한 지식이 부족해 금융토크를 이해하지 못할까 걱정했지만, 대학생의 관점에 맞춰 쉽게 진행되었기에 경제에 대한 전반적인 지식을 쌓을 수 있었다.

온몸으로 배우는 금융

이번 캠프의 꽃은 체험형 금융교육 프로그램이었다. 조금씩 지쳐가고 하품이 나올 때쯤, 갑자기 게임이 시작되었다. '호모 루덴스', 유희하는 인간이라는 테마를 몸소 느낄 수 있는 프로그램이었다.

강당을 반으로 나눠 왼쪽, 오른쪽에 앉은 사람들이 각각 한 팀이 되어 서로에게 공을 던져, 정해진 시간 동안 상대 팀에 공을 더 많이 던진 팀이 이기는 게임이었다. "아 이런 게임이라면 얼마든지 할 수 있겠구나" 하고 느낀 것도 잠시, 모의 투자 게임이 시작되었다. 게임 규칙은 간단했다. 가장 많은 수익을 낸 팀이 우승을 차지한다는 것이다.

캠프에서 정해준 사람들과 한 팀이 되어 팀 이름과 구호를 정한 뒤, 우승이라는 공동목표를 향해 열의를 불태웠다. 게임이 시작되고, 예측 불가능한 주식을 매수·매도하느라 진땀을 뺐다. 발이 안보이게 여기저기 뛰어다니는 팀원들의 노력에도 불구하고, 우리 팀의 수익은 오를 줄을 몰랐다. 게다가 수시로 터지는 금융위기 상황은 우리 팀을 더욱 힘들게 하였다. 결국 우승은 하지 못했지만, 가상의 주식시장을 체험할 수 있는 좋은 기회였다.

멘토와의 만남

캠프의 마지막 날, 우리들은 현직 금융권 실무자를 만날 기회를 가졌다. 애널리스트에 관심을 가지고 있었기에 한국투자증권에서 일하고 계신 현 애널리스트와 만남을 가졌다. 그분으로부터 리서치 업무와 직업의 장·단점에 대해 얘기를 들었다. 애널리스트가 되기 위해서는 분석능력과 커뮤니케이션 능력이 필수라는 것을 알게 되었다. 또한 막중한 업무량으로 인해 받는 스트레스와 체력적인 한계를 이겨낼 수 있는 능력 또한 필요하다는 사실을 알게 되었다.

금융감독원에서 주최한 대학생 금융캠프는, 금융권 인재가 되고자 하는 나의 꿈에 한 발짝 더 다가설 수 있도록 도와주었다.

콘테스트를 준비하면서 목표를 이루기 위한 열정을 배우고, 금융토크를 통해 전반적인 경제를 분석하는 법을 배우고, 가상 게임을 통해 주식시장을 체험하고, 마지막으로 실무자와의 대화를 통해 나의 꿈을 구체적으로 계획할 수 있었다. 금융캠프는 비록 이틀이라는 짧은 시간 진행되었지만, 진지한 자세로 내 진로를 계획할 수 있도록 도와준 진정한 멘토였다.

금융토크, 그리고
FSS DREAM 대학생 금융교육 봉사단

양선일
경북대학교
중어중문학과

올해의 키워드는 '힐링'이다. 이번 해는 금감원에서 실시한 대학생을 위한 프로그램으로 취업과 내 인생설계에 대해 많은 힐링이 되었던 한 해였다. 나의 주전공은 중어중문학이다. 하지만 어학은 글로벌화 시대에 베이스로 갖춰야 할 요소란 생각이 들어 경영학을 복수전공하게 되었다.

상경계 쪽에 관심을 가지다 보니, 점점 그 방면의 정보들이 눈에 들어오게 되었다. 하지만 수업에서 얻는 지식 이외에도 좀 더 심도 있는 지식이나 정보를 얻고 싶어 학교 내 금융동아리 '복현금융연구회'에 가입했다. 동아리에서 여러 정보를 주고받다가 금감원에서 주최하는 '캠퍼스 금융토크'가 있다는 것을 알고 참가하게 되었다.

'금융인과 함께하는 캠퍼스 금융토크'가 인연이 되어 금융감독원장님과 함께하는 산학 멘토링, 꿈을 키우는 금융캠프로 이어지면서 현재는 꿈을 키우는 금융교육봉사단원으로 활동하고 있다.

우선 '금융인과 함께하는 캠퍼스 금융토크'는 학생이 패널이라는 점, 전국 순회형식으로 이루어진다는 점을 가장 큰 장점으로 꼽을 수 있다.

단지 금융권 인사들의 이야기를 경청하고만 있는 것이 아니라 학생의 입장에서 보고 듣고 느낀 것들을 패널의 자격으로서 이야기할 수 있다는 장점이 있다.

다른 대외활동 지원 시, 간혹 수도권 학생으로만 제한하는 경우도 있었다. 아마 OT나 팀 사전모임을 하려해도 시간상, 거리상 제약이 있기 때문일 것이다. 그런 아쉬움이 있었는데 전국적으로 실시되어 좋은 기회를 얻을 수 있어 좋았다.

게다가 금감원에 입사한 선배님들의 영상, 토크 중간 중간 진행된 퀴즈, 각 은행, 카드, 보험 등 다 방면의 금융권 인사들께서 직접 말씀해 주시는 취업정보들, 금융관련 영상들로 지루할 틈 없이 알차게 꾸며져 있다.

'산학 멘토링'에서 나는 권혁세 원장님의 멘티로 선정되었다. 지금까지는 취업한 선배의 멘티였는데, 신문에서 사진으로만 보던 금융감독원장님의 멘티가 되어 신기했다. 원장님의 학창시절 이야기와 대구 출신이라는 점에 친근감을 느끼며 원장님이 인간적으로 다가왔다. 사실 처음에는 식사만 하는 형식적인 자리로만 생각했었는데, 이것으로 끝나는 것이 아니라 지속적으로 앞으로의 멘토링 일정을 이야기해주셔서 놀랐다. 페이스북 친구 등 바쁜 일정이실 텐데 멘토로서 지속적으로 도움 주려 하시고 소통하려 하시는 모습이 좋았다.

금융토크에서 배운 지식을 나누며 베풀면서 살아가겠다

다음으로 '꿈을 키우는 금융캠프'에서는 1박 2일 동안 오롯이 금융에 대해 생각하고 고민할 수 있었다. 전국 각 대학의 대학생들이 준비한 UCC, 꽁트, 춤 등은 생각의 폭을 넓혀주었다. 또한 리스크, 여신, 외환과 같은 여러 금융분야 중에서 관심 있는 분야를 선택해 현직에 계신 분들과 이야기할 수 있는 기회도 있었다. 요즘 트렌드나 좀 더 나에게 맞춤화된 깊이 있는 정보를 얻을 수 있었다.

이렇게 배우고 얻은 지식으로 나눔을 몸소 실천하자는 취지에서 금감원 금융교육봉사자에 참여했다. 주로 초등학교로 금융교육봉사를 나가게 되었는데, 요즘 초등학생들의 금융지식은 상상을 뛰어넘었다. 그러면서도 '역시 아이들은 아이들이구나' 생각하게 하는 순수함을 보기도 했다. 내가 금융권의 여러분들로부터 유익한 정보를 얻은 것처럼, 나도 그들의 인생에 도움 될 만한 이야기를 전달해 줄 수 있길 바란다. 개인적으로 이런 지식의 순환이 계속되었으면 한다.

항상 금감원 프로그램을 참여할 때면 '많은 준비를 하셨구나'라는 생각과 많은 배려를 느낀다. 현직에 계신 분들의 이야기들, 평소에는 뵐 수 없었던 금융계 인사들과의 생생한 이야기로 넓은 취업방향과 쉽게 들을 수 없는 값진 정보를 얻을 수 있어서 좋았다.

금융감독원과 잊을 수 없는 알찬 2012년을 보냈다. 금융교육봉사단 강사 교육받으러 금융감독원 본원에 갔을 때, 여의도 지하철역으로 출근하는 직장인이 된 마냥 꿈에 부풀었던 것도 생각이 난다. 그렇게 머지않아 이루어질 나의 모습을 그리며, 자극 받기도 했었다. 막연해서 불안하기도 했던 꿈에 좀 더 체계적으로 현실성 있게 다가가게 해준 금감원에 감사를 전한다.

전쟁의 폐허에서 지금까지의 괄목상대한 성장을 이룬 여세를 몰아 최초 한국이 만든 세계에서 통용될 수 있는 금융지표를 만드는 사람이 되고 싶다. 꿈을 키우는 금융교육봉사(FSS DREAM)의 취지처럼 그 동안 금감원으로부터 받은 많은 것들을 사회에 환원하고 베풀 수 있는 삶을 사는 사람으로 성장할 것이다.

금지자 :
금융을 지키는 자

김양권
전남대학교
경영학부

2012년 7월 20일은 머릿속에서 잊혀지지 않는 날이다. 이 날은 금융감독원에서 주최한 '꿈을 나누는 대학생 금융캠프'에 참가한 날이기 때문이다. 이 캠프에 참여해서 얻은 자신감과 나의 미래에 대한 뚜렷한 비전은 아직도 나의 대학생활에 든든한 버팀목이 되어 주고 있다.

전남대학교 국제금융동아리 'Value'에서 활동하던 나는 금융감독원에서 주최하는 '꿈을 나누는 대학생 금융캠프'에 대해 알게 되었다. 금융감독원에서 개최하는 프로그램의 유익성은 익히 들어 알고 있었기 때문에, 기회만 된다면 꼭 참여하고 싶었다. 그러던 차에 대한민국 금융계의 중심에 계시는 CEO들이 직접 오셔서 강의를 해주신다니 이번 교육을 절대 놓치면 안 되겠다는 생각이 들어 참가하기로 마음을 굳혔다.

신문과 뉴스에서는 연일 대한민국 금융의 실태와 세계 경제위기 상황에 대해서 다루고 있는데, 실제 그 상황의 중심에 계시는 금융계 CEO분들의 육성을 통해 우리나라 금융의 현실과 과제를 직접 들어볼 수 있다는 것은 엄청난 메리트가 아닐 수 없었다.

참가 인원들이 확정된 후 금융콘테스트를 준비하기 위해 금융캠프에 참여하는 전남대 학생 15명을 만났다. 일면식도 없고 나이도 성별도 다른 사람들의 모임이었기에 어색함이 맴돌았지만, 우리나라 금융업계의 현상과 문제점, 발전방안 등에 대한 논의를 함께 하며 조금씩 우리는 하나의 팀이 되었다. 그리고 고심 끝에 우리의 팀명을 금융을 지키는 자, '금지자'로 지었고, 콘테스트에 적합한 발표안을 만들기 위해 UCC와 PPT 그리고 조별 테마송을 만들다보니 시간은 쏜살같이 흘러 금융캠프 당일이 되었다.

우리가 준비한 발표 안을 수많은 학생들 앞에서 검증받는다는 것에 대한 긴장감이 들었다. 이런 저런 생각을 하며 연수원에 도착하였고 이어서 권혁세 금융감독원장님과 각 금융지주회장님들과 함께하는 금융토크 시간이 이어졌다. 명쾌한 진행과 연사분들의 확신에 찬 이야기를 듣고 있자니 그동안 내가 갖고 있던 의문들이 시원하게 해결되는 것을 느꼈다.

금융토크에서 논의된 국내금융의 현황, 발전방향을 실제 각 금융회사의 수뇌부에 계시는 분들을 통해 들으니 지면을 통해 보는 것과는 다르게 매우 현실적으로 다가왔다. 비록 실물경제보다는 금융이 취약하지만, 우리의 금융 산업의 발전가능성은 크다는, 그리고 향후 금융 산업이 공급자 중심에서 수요자 중심의 금융으로 발전할 것이라는 말씀들은 향후 금융인을 꿈꾸고 있는 우리에게 더 큰 미래와 시장이 기다리고 있다는 이야기로 들렸고 나에게 뚜렷한 목표의식을 심어주었다.

뒤이은 금융콘테스트는 전국의 대학생들이 공통된 주제를 가지고 각 팀별로 각자의 시각과 새로운 아이디어를 제시하는 자리였다. 생각은 하고 있었지만 뚜껑을 열어 보니 정말 학교별로 창의적인 아이디어들이 가득 제시되었다. 물론, 우리 금지자팀 역시 준비기간을 헛되이 보내지 않았기 때문에 콘테스트에서도 화두가 되었고 가장 주목을 받은 팀이 되었다.

우리 팀은 UCC로 현 금융업의 현실적인 문제점들을 제시하였고, PPT를 통해 구체적인 해결방안을 보여준 후에 마지막에 누구나 쉽게 이해 할 수 있도록 '금지자 송'으로 앞으로 기대하는 금융을 제시하였다. 콘테스트를 보며 지역도 학교도 다르지만 같은 꿈을 꾸고 있는 많은 분들이 미래 금융산업을 이끌어갈 것이라고 생각을 하니 향후 금융 산업이 얼마나 발전적일까 하는 생각이 들었다.

금융캠프를 통해 얻은 교훈으로 나는 새로운 삶을 살고 있다

콘테스트가 끝나고 저녁식사 시간에 나는 각 팀의 팀장들, 금융지주회장님들 그리고 권혁세 금융감독원장님과 함께 만찬의 시간을 가졌다. 언제 이렇게 각 금융회사의 대표님들과 식사를 가질 수 있을까 하는 생각을 하니 심장이 터질 것만 같았다. 만찬의 자리에서는 금융토크와 콘테스트에서 못 다한 이야기들이 이어졌다.

하나의 논점에 대해서도 각각의 기관에서 바라보는 시각이 달라 만찬을 함께하는 우리 대학생들에게는 전공서적, 신문 등을 통해 생각하던 것들과는 다른 새로운 세계가 있다는 것을 경험할 수 있는 기회가 되었다.

금융캠프의 둘째 날은 원기찬 삼성전자 부사장님의 강연과 함께 시작이 되었다. 신언서판, 균형감각, 주인의식 이 세 가지를 강조하시며 스펙에 전전긍긍하는 대학생들에게 새로운 인재상을 제시해주셨다. 말씀을 듣고 있자니 그동안 나는 왜 이렇게 우리가 만들어 낸 스펙에 얽매였는지 다시 한 번 되돌아보게 되었다. 그리고 그때의 성찰을 잊지 않고 지금은 새롭게 나만의 색깔을 만들어 가는 데 열중하고 있다. 정말 많은 것을 얻어간다는 생각을 지울 수가 없었다.

강연이 끝나고 이어진 시간은 심화 멘토링 시간이었다. 나는 미래에셋증권 기업금융팀 류시명 팀장님과 함께 시간을 가졌다. 실제 기업금융의 과정과 그 과정 속에서의 희로애락들을 학생인 내가 쉽게 이해할 수 있도록 이야기처럼 풀어 설명해주신 덕분에 많은 도움이 되었다.

이렇게 1박2일의 금융캠프는 금방 끝이 났다. 집에 가는 버스에서 든 생각은 이 캠프는 어쩌면 하늘이 준 기회였을지도 모른다는 것, 그리고 이번에 얻은 많은 교훈들을 절대 잊지 않고, 돌아가서도 항상 되새기자는 생각이었다.

그리고 실제로 이 캠프를 통해 나는 새로운 삶을 살고 있다. 금융감독원의 금융캠프를 통해 금융에 대한 새로운 시각과 그 시각들을 공유할 수 있는 기회를 갖게 되어 너무나 다행이다. 그리고 내가 겪은 이 소중한 경험을 미래 금융인을 꿈꾸고 있는 전국의 대학생들이 많이 활용하고 함께 경험하게 된다면 더 좋을 것 같다. 그리고 이 기회를 통해 우리 팀의 이름이었던 '금지자'처럼 금융을 지키며 건전하게 발전하길 기대한다.

납치 빙자
보이스 피싱

- 그 놈 목소리 | 박성훈

캠퍼스
금융토크
365

파밍(Pharming)

— 돌아온 털미네이터 | 박성훈

캠 퍼 스
금 융 토 크
3 6 5

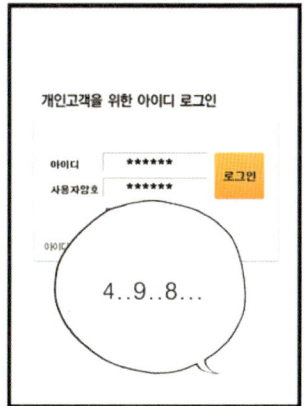

파밍(Pharming) : 해커가 고객 PC에 악성코드등을 설치하여 고객이 정상적인 주소를 입력해도 위조사이트로 이동되도록 하여 고객정보를 탈취하는 해킹방식으로 고객을 취조사이트에 접속하도록 유도하는 피싱(Phishing)에서 진일일보한 사기수법

대포통장

- 대포소년 | 현용민

캠 퍼 스
금 융 토 크
3 6 5

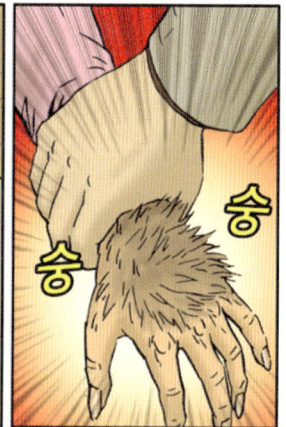

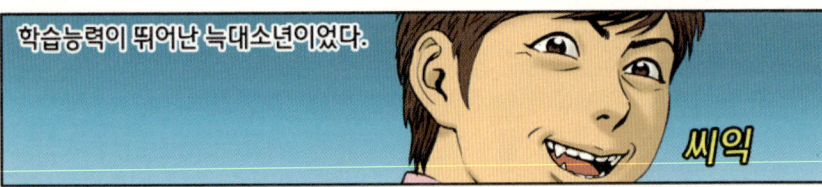

Fin.

대출사기

- 대출사기의 발견 | 주호민

캠 퍼 스
금 융 토 크
3 6 5

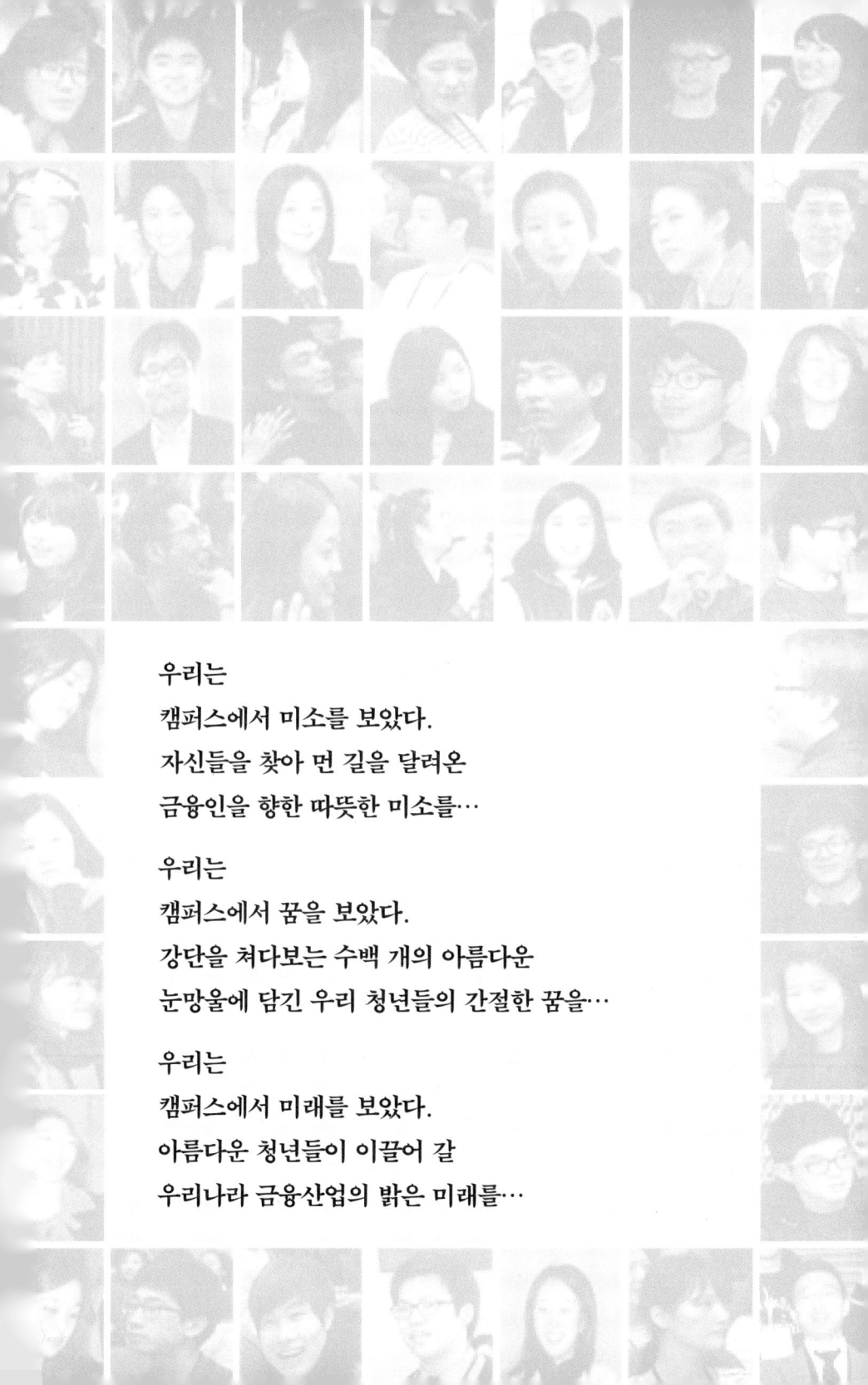

우리는
캠퍼스에서 미소를 보았다.
자신들을 찾아 먼 길을 달려온
금융인을 향한 따뜻한 미소를…

우리는
캠퍼스에서 꿈을 보았다.
강단을 쳐다보는 수백 개의 아름다운
눈망울에 담긴 우리 청년들의 간절한 꿈을…

우리는
캠퍼스에서 미래를 보았다.
아름다운 청년들이 이끌어 갈
우리나라 금융산업의 밝은 미래를…

꿈을 나누는 캠퍼스 금융토크 365

초판 1쇄 2013년 8월 15일
　　2쇄 2013년 9월 10일

지은이 | 금융감독원
펴낸이 | 성철환
편집총괄 | 고원상
담당PD | 유능한
펴낸곳 | 매경출판(주)
등록 | 2003년 4월 24일(No. 2-3759)
주소 | 우)100-728 100-728 서울 중구 필동1가 30번지 매경미디어센터 9층
홈페이지 | www.mkbook.co.kr
전화 | 02)2000-2610(기획편집) 02)2000-2636(마케팅)
팩스 | 02)2000-2609 이메일 | publish@mk.co.kr
디자인 | V/A(브이에이) www.vadesign.co.kr
인쇄·제본 | (주)M-print 031)8071-0961

ISBN 979-11-5542-011-9 (03320)